堅苦卓絕

蔣中正

蒋介石画传

Chiang Kai-shek: An Illustrated Biography

师永刚　杨　素◎编著

凤凰出版传媒集团
凤　凰　出　版　社

中國之命運
健風敬繪

健風敬繪

健風敬繪

健風敬繪

健風敬繪

戊辰年
馬祖陳合成恭繪

戊辰年
馬祖陳含成恭繪

蒋介石晚年标准造像，供报刊在节庆期间与重要场合悬挂使用。

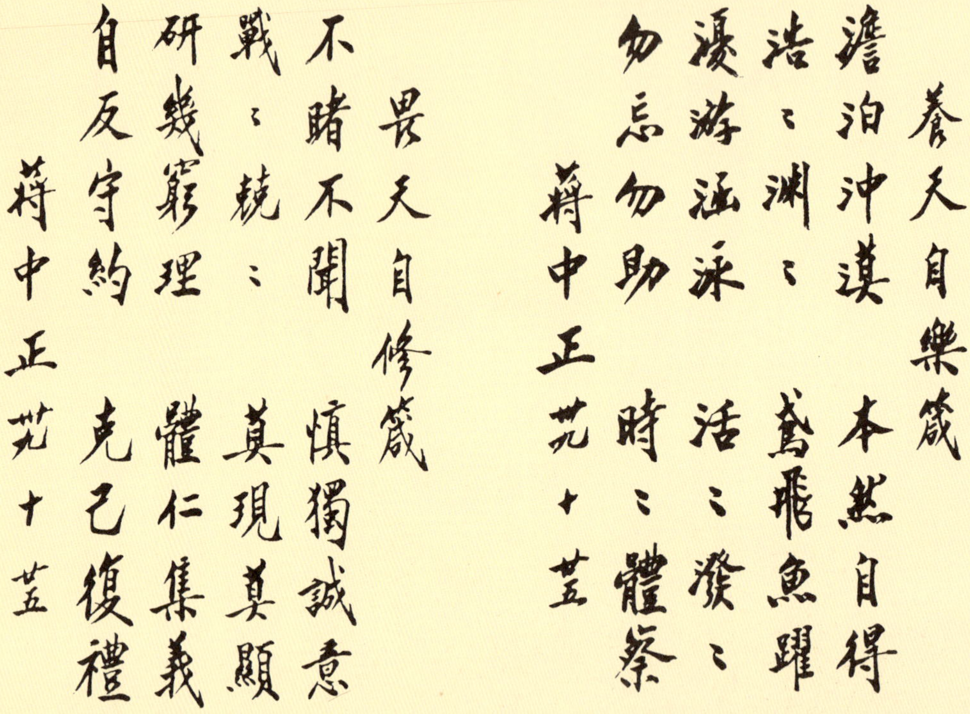

蒋介石闲时常喜写诗自勉。此四首诗均是其自题之诗，以畅舒个人情感。但观其诗中，似常见存心养性、中和位育、慎独诚意等修身词句。蒋的书法自成一体，也堪玩味。

法天自强箴

中和位育　乾陽坤陰
至誠無息　主宰虛靈
天地合德　日月合明
主敬立極　克念作聖

蔣中正　卅九　十　廿五

事天自安箴

存心養性　寓理帥氣
盡性知命　物我一體
不憂不懼　樂道順天
無聲無臭　於穆不已

蔣中正　卅九　十　廿五

蒋介石18岁时，就读于凤麓学堂。

蒋介石在日本振武学校时留影。

蒋介石24岁时，在日本高田十三师团野炮兵第十九连队入伍。

蒋氏夫妇生活闲趣。

蒋氏去台后，晚年很少穿军装，此幅照片上的蒋身佩勋章，仅为节日礼仪。

目 录

1 前述：大历史格局中的蒋介石先生

9 **第一章：盐商的儿子——留日的海归——有目的的革命者**

■14岁奉母命娶妻，终不和睦；15岁科举童子试，未能考取■由陈其美结识孙中山，加入革命党。风云际会间，喜获麟儿蒋经国

23 **第二章：大起大落的前十年——黄埔建军——一统中原——“清党”**

■上海淘金，蒋介石大起大落，赚赔互见。别旧式妻妾，娶“一见钟情”陈洁如■陈炯明炮轰总统府，蒋介石救驾入主黄埔军校，为得取党军实权做准备■■打“下野”牌，借“中山舰事变”，排挤汪精卫，整肃中共人士

45 **第三章：改变历史的蒋宋联姻——北伐功成——与中共为敌**

■挟青帮大举“清党”，宁汉分裂，蒋介石与宋氏兄妹各站一边■北伐徐州受挫，蒋介石二度打出“下野”牌，终得党政军独大地位■弃20岁陈洁如，娶30岁美龄，蒋宋联姻势力进一步扩大■北伐成功，统一中原，蒋着手布建由特务体系主导之政局

71 **第四章：蒋孔宋家族纵横中国政坛——三度下野真相——攘外必先安内**

■成为宋美龄教友、张学良义兄；三度下野后再出山，进入“蒋委员长”时代■情势危急，国民党联共抗日，“委员长”更职“大元帅”，正式成为党总裁■“珍珠港事变”迫美加入抗日队列，宋美龄“夫人外交”风头甚健，蒋介石由亲日改为亲美

127 第五章：金陵春梦——蒋介石退守台湾前没有公开的秘密

■抗战胜利后，国民党即失去民心■失去美国欢心，民变、学潮、工潮令国民党后院起火，蒋介石不敌解放军猛攻，江河日下

163 第六章：蒋介石第四度下野——蒋孔宋家族各自东西

■政治腐败，经济崩溃，蒋再也无力逐鹿中原，第四度宣布下野■以国民党总裁的身份掌控南京政务、军务，然终无力回天，蒋氏政权退守台湾

175 第七章：高压治台——坐困孤岛——“反攻大陆”渐成幻梦

■记取教训，蒋介石虽以高压治台，但也适度开放地方层级的民主■失却外援，坐困孤岛，老蒋郁郁而终

245 第八章：无可奈何身后事——小蒋缔造台湾繁荣——宋美龄告别人间——两蒋移灵终成空

■蒋经国强势主政，缔造台湾繁荣■“我是台湾人，当然也是中国人。”以高度弹性的政治智慧，开放“党禁”、探亲■“蒋家人今后不能也不会参选‘总统’。”蒋经国此言与随后的辞世，终止了“蒋家王朝”的统治命脉■望尽世纪之旅，宋美龄告别人间；两蒋移灵胎死腹中

269 蒋介石年谱

蒋氏与孙子孝武玩跑马游戏大胜，这位曾南征北讨的蒋委员长此刻返老还童，乐不可支。

蒋晚年常澹静沉思，偏于一隅练写书法，他的毛笔字至晚年颇有心得。而其常与夫人宋美龄晚年相互唱和，在宋所画的国画上题款留字，自得风流。

前述：大历史格局中的蒋介石先生

20世纪40年代初期，正值日本侵华的最疯狂时期，蒋介石写了一本书，名为《中国之命运》，关于中国过去的“耻辱”与未来的“重建”。但他更应该把这本书定名为“我的命运”。他看不出自己的命运与这块他统治了二十多年的辽阔、散乱、贫穷的土地有什么区别。他于1975年因心脏病在流亡的台北病逝，终年88岁。直到他死的那一刻他还抱着他那神圣的理想：中国终将再次统一。《时代周刊》发表的讣文略带讥讽：“蒋介石在这个时候死去是再适合不过了。对他而言，印度支那反共力量的失败让他觉得，在不可避免的长期的反共运动中，反共力量在逐渐失去亚洲，而他则是这个运动的第一个牺牲品。”

在西方的媒体的描述中，蒋介石（名字的意思是“坚硬的岩石”）有着一双明亮的眼睛，坚硬的下巴，他极端自信，是本世纪主要的人物之一。他那富有传奇色彩的事业充满了胜利与失败。他生命中60个春秋都耗费在艰苦而又费尽心机的斗争之中。首先是反抗日益衰败的清王朝，接着是昙花一现的军阀混战，而后是抵抗日本帝国主义的入侵，最后是同中国共产党领导的军队的斗争，也就是这最后一次斗争结束了他主宰中国的梦想，开始了他在台湾不愉快的流亡生活。

具有讽刺意味的是，这位三军统帅对本世纪的影响比对中国本身的影响还要长。在他国际声望的巅峰时刻，他是一个充满微笑、身穿戎装的战争四巨头之一。其他几位还有罗斯福（西方伟大的斗士）、斯大林和丘吉尔。蒋介石是联合国的创始人之一，为中国争得了安理会常任理事国的席位。丘吉尔指出：“在美国人的眼里，他是世界的一支主要力量。他是‘新亚洲’的头号人物。”但当他不能成为决定中国命运的人，美国政府所急切企盼的新亚洲也没有成为现实的时候，蒋介石发现他被杜鲁门政府抛弃了。这些使蒋成为了战后美国历史令人不愉快的篇章的中心：满腔仇恨的巫师四处寻找那些“输掉了中国”的人。

实际上，中国从未在真正意义上“输掉”，因为美国就从未赢得过它。美国试图把蒋统治下的中国看成是一个统一、有效的中央集权制国家，甚至把它视为一个培养美国式民主的摇篮。但事实绝非如此。孙中山临死前，把中国形容为“一盘散沙”。蒋介石试图在这盘散沙之上建立一个现代化的统一的国家。但在蒋作为中国领导人的整个任期期间，国家不断地受到外强侵略，内部分裂严重，他统治的党内部腐败、效率低下。此外，他顽固地坚持他那目光短浅、毫无效果的政策。

中国的共产主义者们从蒋介石失败的地方接过接力棒，并且到现在为止，他们的执政时间已经超过了蒋介石。这位三军统帅从未使自己从军人和封建地主们的纠缠中摆脱出来，这些人阻挠进行根本性的改革。而共产主义者们恰恰相反，他们彻底地摒弃了过去，很快找到了正确的方向。在蒋介石死后30年，在毛泽东去世29年，中国正在成为发展中国家的旗舰。中国的建设者们正在使中国成为世界上最具潜力的市场。

经过了十多年的纷乱，蒋介石统一了中国，他为中国做了一件关键的事情，在共产党存在的情况下加速了中央集权制。但后来的分析者认为，考虑到他的问题，就不奇怪他为什么不能够建立一个长久的政治体制。“许多事情，”埃默斯曾这样写道，“尝试过就已经足够了。”蒋介石的尝试是大范围的。他的失败最终会削弱他在历史上的重要性，但决不能被忽视。

蒋介石是中国东部沿海浙江省一个小城镇盐商的儿子，他当过兵，讲话像一个革命者，似乎命中注定要执掌大权。他政治生涯的发展主要是通过一个朋友，他把蒋介绍给孙中山——一个热衷于革命的革命者，他发动的民族运动于1911年推翻了摇摇欲坠的清王朝。那时候，蒋介石还是一个24岁的学员，就读于日本军校，他风风火火地赶回国，参加了孙组织的年轻的革命。蒋介石在孙中山以广州为基地的国民党内部稳步上升。31岁时，他已经是一名将军——就其自身而言，他也是一个很有实力的人物。

孙中山1925年逝世，蒋很快就接管了国民党。接下来的两年里，他带领他的部队开始了一系列讨伐军阀的运动，从而使国家得到了空前的统一。尽管蒋极力反对共产主义，但他在开始曾与年轻的中国共产党及其苏联顾问合作；然而当统一大业进展顺利的时候，他开始反对共产主义者，屠杀了成千上万的共产党员，并把其他人赶出了新的国民政府。在这些被排挤的人中，其中一个就是国民党宣传机构的负责人毛泽

非常注重形象的蒋介石，喜欢在各种场合摄影留念。从照片中，也可以看出不少老蒋的心境转折及喜好。1922 年，蒋介石担任大本营参谋长时在广州拍下了一张骑马照片，所骑是一匹白马。蒋介石在拍照时，对白马似乎有种特殊的偏好，1926 年时担任国民革命军总司令的蒋介石统军北伐时，留下了这张马上英姿照片，骑的还是白马。这显然是经过特殊安排。白马数量少又特别显眼，蒋介石统军征战，自然不可能都骑白马，其实白马只是为拍照效果，才偶尔出现的重要配角，不拍照的时候，就是黑马上场的时候了。

东。在蒋一系列的成功中，他在个人生活中所迈出的重要一步就是他娶了孙中山夫人的妹妹宋美龄，一位美丽典雅、受过良好教育的女人。与此同时，他抛弃了他的前妻，他的儿子兼继承人、后来成为他的继任者的蒋经国的母亲。婚礼之前，他皈依了基督教。

1928年，蒋介石就任国民政府主席的时候，这位三军统帅的权力及影响力都达到了顶峰。但是，即使是那个时候，蒋也是不断受到来自各方的干扰：反叛的军阀将领们，被

蒋氏晚年据说非常喜欢与官邸内所养的一只狼狗戏逗。此际的蒋返璞归真，老人斑纵横，如同家居老头的日常一幕。只是此际的蒋正饱受疾病的折磨，生命已近风烛残年。

逼向农村的苏维埃政权的抗争，及党内的叛乱。1931年日本入侵东北的时候，国民党军队正在共产党领导的农村地区进行一系列大规模、代价昂贵的“清剿”行动。直到1936年蒋才同意停止内战，与共产党一起反抗日本侵略者。他的军队牵制了敌军大量的部队。

但是，1941年美国参战后，蒋对日很少采取防御，即使是他的军队在数量上优于日本军队的时候。“精力充沛的”史迪威将军不断向蒋介石施加压力，要求他重组他的军队，并且要求他的军队要更加主动一些。但蒋的侧重点与这位不耐烦的美国顾问不同；他预测，在日本人投降之后将会不可避免地有一场争夺控制权的斗争，他觉得现在有必要保存他的军队和租借来的美式装备，届时可以用来对付共产党。

同时，中国人民饱受日本人杀戮的惨状深深地触动了美国，他们开始崇拜蒋，特别是他的夫人。被宋美龄弄得神魂颠倒的温德尔·威尔基在谈到她时，说她“集思维、说服力与精神力量于一身……充满智慧与魅力，慷慨而又懂得体谅，举止高贵典雅，具有像火一样燃烧的信念”。其他人对她专横的意志以及试图影响美国战争时期的战略，使其更有利于蒋介石的做法感到憎恶。那个时候，蒋介石希望美国能够把战争重点多一些放在日本，少一些放在德国；在没有说服史迪威采取主动攻势的情况下，蒋获得了更多的武器装备和供给。

战争结束的时候，共产党拥有一支100万的军队，训练有素，纪律严明，但装备落后，战士大多来自农民。有300万之众的国民党军队，在已准备好的美国舰船与飞机的帮助下，在战后争夺日本占领区的角逐中，轻而易举地夺得了中国三分之一的土地。但是，内战爆发后三年，蒋介石成了一名在台湾的难民——在台湾，有200万人加入了他的国民党队伍，在他们的帮助下，他发誓要“光复大陆”。

在美国，蒋介石的支持者们把他的失败归咎于杜鲁门政府，杜鲁门政府拒绝了蒋介石要求美国在战后大规模增兵援助的请求，并在国民党逃往台湾之后完全断绝了支持。六个月后，朝鲜战争爆发，美国又恢复了对台援助，并且一直到1965年，援助总额达40亿美元。华盛顿把蒋当做是美国在亚洲遏制共产主义的重要盟友。

在台湾，流亡的国民党在经济上比在政治上有更大的作为。土地改革以及后来对外资的成功吸引，使台湾成为继日本之后，亚洲发展速度第二快的地区。蒋介石年老之后，把许多“政府”的具体工作交给了他已经60多岁的儿子蒋经国。自从1972年被任命为“行政院长”以来，蒋经国已经有效地掌握了“政府”。他为人强硬、务实，大力清除了他父亲的老卫戍部队内部的腐败，把国民党权力阶层内的高级职务向台湾本土人民开放。他的父亲要重新“光复大陆”，而他已经悄悄地把这种堂·吉诃德式的圣战束之高阁。1972年，美国总统尼克松访问北京引起了台湾的不满与焦虑。其后，美国彻底抛弃了台湾，与北京建交，而北京将联合国安理会成员国的资格夺了回来，蒋介石的特使被逐出了联合国。

蒋在他生命最后两年时间里，健康每况愈下，甚至不在公众场合露面。但直到他死的时候，蒋介石仍然是“中华民国”的“总统”。即使在1971年台湾被逐出联合国之后，他也拒绝了所有妥协的尝试。只要他活着，“光复大陆”的计划就会存在下去，用他的话讲：“不可动摇之国家决心。”同时对那些要求“台独”的人说：“谁说独立，就让谁掉脑袋。”在这一点上，他与北京的观点空前的一致。当世界开始寻求与他的敌人北京发展新关系时，他也决不妥协，因此，世界只有放弃他。

在蒋介石去世三十五年的今天，从这些由西方媒体东拼西凑出来的总结性的文章的片断，似乎仍然可以看出他在西方人眼里的形象。

在中国近现代史上，蒋介石无疑是最具影响力的人物之一。争议性之大，也无出其右。其实，他对中国命运的影响仍未结束，也永远难以盖棺论定。著名的史学家黄仁宇先生在写作《从大历史的角度读蒋介石日记》一书中，断言：“蒋介石不是大独裁者，他缺乏做独裁者的工具。他也不可能成为民主斗士，他纵使有此宏愿，也无此机会。”

这就是真正的蒋介石吗？一个留在后世眼里永久的失败者的形象，还是一个留在中国历史中争议不断的顶峰人物？或者什么都不是，他只是一个叫做蒋介石的先生。祖籍浙江。死于台湾。

蒋氏与夫人宋美龄相挽游览位于台湾的一家寺院。宋似乎对罗汉特别感兴趣。

蒋宋的结合是20世纪中外历史上最突出的一场政治婚姻，是权力与财势的结盟。1927年12月1日，蒋宋正式在上海结婚，新郎实岁四十，新娘三十。蒋甚至在报上发表文章称："我们的结婚，可以给中国旧社会以影响，同时又给新社会以贡献。"此言可以用时间来检验了。

第一章

盐商的儿子 留日的海归 有目的的革命者

14岁奉母命娶妻，终不和睦；15岁科举童子试，未能考取

蒋中正字介石，清光绪十三年九月十五日（1887年10月31日）午时生，浙江省奉化县溪口镇人，祖籍宁波。

蒋家在溪口是大姓。蒋介石的祖父蒋斯千，字玉表，以酿酒贩盐为业；父亲蒋明火，又名肇聪，字肃庵，是蒋斯千的次子，生于道光二十二年，继承父业，在溪口经营需要专卖权的“玉泰”盐铺，由于经商得法、精明干练而使家境富裕。蒋介石的母亲王采玉为蒋肃庵的第二任继室，生有二子二女，蒋介石是长子，也是在盐铺楼上诞生。

由于家境小康，蒋介石自6岁起就在私塾中接受四书五经的教育，取学名“志清”，并于1901年以14岁年纪，娶了由母亲王采玉为他择定、同为奉化人的毛福梅为妻。毛福梅是商人毛鼎秋之女，结婚时已18岁，大蒋介石4岁，婚

蒋介石出生的玉泰盐铺

玉泰盐铺里蒋介石出生的床

1948 年重修的蒋氏族谱

玉泰盐铺外景

这是蒋家家庭账房唐瑞福的照片，他生前口述："我小时候听祖母说，蒋介石生下时其母无奶，由我祖母喂了头口奶，以后蒋家每到过年都要送礼金来。"

前两人从未谋面，而婚后感情始终不见和睦，例如蒋于日记中曾称毛“又与我对打，实属不成体统”。

但陈洁如也指出，毛福梅个人的看法与外人的揣测不同。据《陈洁如回忆录》记录，在陈洁如婚后和毛福梅第一次见面的谈话时，毛福梅对陈洁如表示，在新婚的头两个月，她和蒋有一段蜜月期，那时蒋没有工作，也无心念书，每天会带她出去走动，醉心于山间野趣，可是没多久王太夫人就制止了这一切。王太夫人怪她带坏儿子，造成儿子好吃懒做，还骂她：“我没有好米来喂懒嘴。你这样成天跟一个男人到山间庙内，到处嬉游玩乐，真是一个不知廉耻的贱女人。从今天起，我禁止你再浪费我儿子的时间，除非你能担保他的前程。”

1902年，蒋介石到奉化参加童子试，但未考取，因此在1903年开始进入奉化凤麓学堂，接受洋式教育，并经过数度转学，于19岁时到奉化龙津学堂就学；尤其在八国联军之乱后，清王朝于1905年停止科举，蒋先前所受的私塾教育顿时无用武之地，遂于1906年4月改赴日本清华学校求学，希望藉此转学至西式学堂，接受军事教育而出人头地。

由陈其美结识孙中山，加入革命党。风云际会间，喜获麟儿蒋经国

被迫放弃科举之途的蒋介石，原本希望赴日后能进入士官学校就读，然由于清王朝与日方达成协议，中国学生赴日学习陆军须由政府推荐，不得自费前往，因此蒋介石只得在当年底返国，转往保定学校前身的通国陆军速成学堂就读，希望能藉此赴日进修军事。1908年，蒋介石以蒋志清为名，顺利就读类似于军事预校的东京振武学校，同时改名为蒋中正，字介石。不过1909年毕业时，蒋介石并未进入正式的士官学校，而是直接被发为二等兵，接受军事入伍教育。

蒋介石在日本期间，虽无法进入士官学校，但私下活动颇为活跃，曾与黄郛等人一同加入以推翻清王朝为目的的秘密军事团体，同时隶属于同盟会中的一个支系，并藉此认识、结识同盟会中挺孙派大将、与青帮关系匪浅的陈其美，开始与革命党人交往的生涯。1911年夏天，四川保路风潮风起云涌，蒋介石虽尚在军中服役，却一度应陈其美电召，潜回上海商议排满举义行动，但因为满清与日方军方签订协约，限制在日留学生返国，蒋介石在日本军方准假假满后，只能重返日本。

武昌起义后，陈其美再度急电蒋介石返国参与军事行动，蒋介石冒着未报备日本军方的风险返国，参与陈其美筹划的杭州起义，并率兵攻打下设于杭州的浙江巡抚衙门，其后

并返回上海担任陈其美主导的沪军第五团团长，同时与陈其美等人义结金兰。蒋介石与陈其美的关系日益密切，使他在国民党内得以有发展机会，并结识孙中山，因此日后在陈其美遭袁世凯刺杀身亡后，蒋介石仍顾念旧情，也一路提携陈其美的侄子陈果夫与陈立夫，令其成为主导国民党党务机关的主要力量。

在这段风云际会的时期，蒋介石于1910年4月27日(宣统二年农历三月十八日)喜获麟儿，这就是毛福梅所生之子，乳名建丰，学名经国，也就是一般俗称的“小蒋”。

不过历史的巨轮已经开始在蒋介石身上发挥作用。1912年1月14日，隶属光复会体系，与孙中山、同盟会始终互别苗头的光复会领袖陶成章，遭人刺杀于上海广惠医院，引发轩然大波。由于陶成章与孙中山、黄兴向来不合，曾在辛亥革命前公布“南洋革命党人宣布孙文罪状传单”，质疑孙中山企图“骗取总统”，更在军事与势力分布上与同在上海的同盟会系统、沪军都督陈其美针锋相对，因此陶成章之死一时造成舆论动荡，连孙文都通电要求速逮凶手。

根据李敖等人的考证，以及蒋介石老师毛思诚编著的《民国十五年以前的蒋介石先生》，均指称刺陶凶手除遭人重金收买的光复会叛徒王竹卿外，蒋介石也直接涉及此案，理由是蒋介石不满陶成章诋毁革命领袖而且还计划刺杀陈其美。杨天石所著《蒋氏密档与蒋介石真相》一书中也援引中国第二历史档案馆中所藏、蒋介石手稿《中正自述事略》记载，蒋介石在事件发生后自承“余因此自承其罪，不愿牵累英士（陈其美），乃辞职东游，以减少反对党之攻击本党与英士也”，证明真有其事。

蒋介石于刺杀事件发生后迅速避居日本，时年26岁。此后陆续来往于日本、奉化、上海之间，并在1913年拜见孙中山，参与讨袁的二次革命。1913年8月13日，陈其美与蒋介石在上海的武装倒袁行动宣告失败，二人躲入租界后再度流亡日本，并在陈其美的结拜兄弟张静江的监督下，宣誓参加孙中山组织的中华革命党，并于1914年潜返上海计划发动武装行动，但因败露又重返日本。

客居日本的过程中，蒋介石的家庭生活出现新的变化：除了长子蒋经国外，蒋纬国也于1916年正式进入了蒋家的大家庭，并由姚冶诚负责抚养，乃至1922年陈炯明叛变时，孙中山电催在宁波的蒋介石赴粤，接电人姓名写的是蒋纬国而不是蒋经国，令蒋纬国因此成为蒋家后辈中惟一留名于孙中山书信录中的人。在蒋介石与陈洁如结婚前，姚氏以纬国养母身份由上海移居苏州，蒋介石也不时遣友人接纬国到南京或溪口小住，遂流传出“经儿可教，纬儿可爱”的评语。

蒋家祠堂

丰镐房内的报本堂

蒋介石母寄望瑞元腾达，惟一之径就是读书。蒋介石12岁时，王氏将其送至嵊县名士姚宗元处受业，蒋在此学业猛进，曾作诗“一望山多竹，能生夏日寒”，颇得称许，认为他“若教养得法，前途不可限量”。其后，王氏送其到岩头毛凤美在元代文学家戴表元故居处所设毛宅私塾进学，师从读《易经》。1901年，14岁的蒋又随皇甫氏读《策论》。盼子成龙心切的王氏又托自己的表伯陈春泉寻找一个有威望的私塾先生。陈随后介绍蒋师从毛思诚温习《左传》，圈点《纲鉴》。毛氏教导有方，蒋介石入馆后，性情大变，学识长进很快。某日，前任老师毛凤美偶到毛思诚家做客，看到他的作文，甚惊异。也就在这一年，蒋应童子试。

这次就读，是蒋介石少年时期的转折点。其后，蒋事成，请毛氏做自己的秘书。毛生前著有《蒋介石大事年鉴》，编有蒋介石的《自反录》、《民国十五年前的蒋介石先生》等书。毛思诚为其得意门生蒋介石树碑立传、扬威显名，可谓不遗余力。

清末，旧式蒙馆没落，新式学校兴起。奉化城原有的龙津书院首先改革学制，聘有两名日人任教，学生趋之若鹜。城内另一派学者不甘示弱，创办凤麓学堂。王氏筹资送蒋到肥城凤麓学堂，接受新式教育。此时的蒋介石，已受到进步思潮的浸染。1904年，因参与闹学潮几乎被开除学籍，于是转到龙津学堂续学。

由于蒋母王氏开明，蒋介石得以赶上时代的步伐，适时地投身到已是水火相煎的大时代中去，并得以接受新的教育与新思想的浸染。其间，蒋结识多人，这些人后来多随蒋做事而得以腾达。

1905年，蒋介石18岁。转至宁波城里由生员出身的顾清廉主讲的箭金学堂，在此首次听说孙中山的名字，并对中国革命党人在海外活动的情况有所了解。据《蒋介石一家人》书中披露，此公以日本明治维新后由弱变强历史为例，给他灌输强兵富国的前提思想，对其影响甚巨。蒋由此立下志向，决定去日留学习武。转年，蒋19岁时，家中发生重大变故。县里征收田赋，各地无主滞纳的田赋，责令首富与巾户摊赔。蒋家遭乡里富户联手欺侮，特别苛派。差役把蒋介石拘到县里拘留，勒令交纳后方释放。蒋回到家中，母子相拥痛哭，王氏认此是奇耻，勉励儿子争气，出人头地。蒋深为震动，对母亲之嘱，深记于心。其后蒋撰文记述此事：“……我家因无官位背景，屡为欺压与侮辱对象，饱受苛捐杂税和劳役的痛苦，甚至亲友们对我们的窘境也袖手旁观。我家当时痛苦潦倒的处境实难形容，我们全赖家母一人坚忍不拔的能耐，我家方免于沉沦的绝境。”就在本年，他剪掉发辫，把跟随了自己18年的长辫装在一个大信封里，寄到家里，以示自己的决绝。

蒋母王采玉年轻时曾入紫竹庵为尼。据当地民间传，某日，一相士称其福相大贵，将生一贵子，定能光宗耀祖。恰当时溪口的蒋肇聪，两年之间连续丧妻两位，所留一儿一女年幼，乏人照料，意欲再娶。时玉泰盐铺的账房为王采玉的堂兄，知道东家的想法后，就回去找王氏说合，玉成此媒。23岁的王氏还俗再醮，嫁与45岁的蒋肇聪做继室，做了玉泰盐铺的老板娘，并于1887年10月31日在玉泰盐铺的后屋楼上生下一男孩。祖父蒋斯千为其取名瑞元，又名周泰、志清、中正。但这几个名字除了"瑞元无赖"在溪口流传外，真正响彻云霄的则是中正与大号蒋介石。王氏嫁到蒋家不过数年，不幸便接踵而至。先是公公以八旬撒手西归，年后，蒋肇聪染时疫离世。32岁的王氏简直大祸临身，前女前子均要负担，自己两儿两女尚年幼无知。此后在夫死家败的四年里，王氏的小女、幼子相继夭折，不幸接着不幸相继而至。在连遭不幸的家庭变故后，王氏培育孤儿蒋介石成大器的决心弥坚。

这张蒋介石与其母王采玉合影是留存至今蒋家传家的经典的母子合影图，此为蒋17岁时首次离乡赴凤麓学堂读书前的合影。另有一说为蒋22岁时赴日本振武学堂前的留影。当时的蒋介石身高1.69米，体重59公斤，眉清目秀，内蕴不露，其对母亲侍之甚恭，与传说中的生性顽梗多有不同。镇中人皆说此公少时顽梗恃强，自命群儿之首，镇中儿童皆畏之，绰号"瑞元无赖"（蒋又名蒋瑞元），母亲对他管教虽严，却屡屡无效。母亲有次将他关在房里，痛加鞭责，他急切中无处藏身，就钻进床底不出，适逢邻居找蒋母，蒋即趁母亲开门，从床底下急驰而出，逃往街上，蒋母追之不及，气得大哭。

蒋自小好奇顽劣，所作之事，出奇张狂，每每令家人不宁。4岁那年除夕，蒋介石对于自己的口到胃有多少距离产生好奇。遂趁无人关注之机，将筷子插入喉管，谁知插入过深，导致昏迷，家人请来医生帮助取出，直至半夜方才醒来。王氏问其原因，4岁的蒋竟答：从口到胃，不知有多少深度，因此用筷子试探，哪知插入后不得出来。此事至今仍是当地流传之奇闻。蒋自小数次历险，每每险遭灭顶。某年冬天，看到缸水冻冰，圆明如镜，一时兴起，扑身打捞，因力过栽入内，等被发现时，已奄奄一息，经抢救才转生。此类顽劣之事，多不胜举。蒋本人对此并不隐讳，在他自撰的《先妣王太夫人事略》中说："中正幼多疾病，且常危贻，及痊愈则又嬉戏跳跃，凡水火刀枪之伤，遭害非一，以此倍增慈母之劳，乃六岁入学，顽劣益甚，而先妣训迪不倦，或夏楚频施，不稍姑息。"其对母亲的情感跃然纸上。

（上）蒋介石于23岁那一年在日本高田第13师团野炮兵第19联队入伍。图为当时蒋与义兄黄郛合影。黄于北伐后隐居于莫干山6年，至1933年应蒋之命北上，收拾长城抗战后的残局。

照片上的蒋介石身姿挺拔，端的是年少义气。据石九藤太郎撰《蒋介石评传》中披露：蒋1909年11月25日毕业后，即在此部队实习。实习生是二等兵，军事训练主业喂马，及替军马“擦热”，并无实质性的军事科技之类的东西。据他的师团长长刚外史在回忆录中称：“留学时代的蒋君，才能胆略，内蕴不露，说不出有什么出人头地的表现。要让他与普通士兵一样去扫马房时，他的面上即显出悲愤之色，那种气概，几乎无人敢当。”

当然，令这位师团长吃惊的是，这位当年表现平平的士兵，在18年后的1927年11月，首次下野到日本时，特意走访了他，这使长刚对此颇感意外，而蒋临走时，特别写了“不负师教”四字。长刚骤然感慨：“他能有今天，大概是因为他有这类美德的缘故罢。”

（下）1911年，辛亥革命爆发。蒋介石应先期回国的陈其美电召，归国参加浙江起义。蒋离日返国时，与留日同学张群、陈益卿等在东京合影。那时候的蒋并不会想到，这些同学将来会成为自己的老臣与僚下，甚至班底。

1905年4月，蒋介石首次赴日本留学。

蒋凭一时意气，东渡日本，原打算报考日本陆军军官学校。孰料清政府与日本政府有约在先：凡进军校学生，均须清政府陆军部保荐，蒋自然被拒之门外，只得进入日本专为旅日学生补习日文的清华学校学习。蒋首次留学冬天，接母信称妹年下出阁兄当回来主持其事。蒋考量在日本没有合法途径，不能入军校习事，不如先回国通过合法管道再正式考回来，然后立足。于是在冬天回家。

其后，蒋先考上浙江武备学校，再备考清政府陆军部的“通国陆军速成学堂”（保定军校的前身）。报考者千人里，蒋介石在浙江录取的14人中。第二年，清政府陆军部在保定军校里考选留日陆军学生，蒋本无资格，但他打报告说自己有过一年学习日文经历，学校总办竟然同意，结果获准考试，入选，被破格保送至日本就读“士官预备学堂”。

1908年，20岁的蒋介石再返东瀛。进入振武学堂，蒋是八期的学生，学的是炮兵专科。同期生中有黄郛和张群，就在同年，蒋由陈其美介绍，加入中国同盟会。第二年，经陈引见，蒋首次谒见了孙中山。蒋即为孙中山所吸引，并拜其门下。图为蒋在返国时与日本学友合影。

（上）参加辛亥革命，蒋介石时年25岁。蒋介石在陈其美授意下托故请假回乡，规划秘密起义。蒋衔命回乡归省，在溪口仅住三宿就急急回沪，旋又回到日本。一个月后，辛亥革命爆发，同年10月30日，蒋介石即从日本不告而别，到了上海，并受陈其美指派到杭州，与王金发等运动浙江新军，组织敢死队，以待起义。

当时的蒋介石对于自己回到内地参加起义抱定悲壮之气，所有的离别都被他当成了最后的诀别。被孙中山称为“性刚而嫉俗过甚”的蒋介石抱定不成功便成仁之心，写信与母兄诀别，劝其勿为他赴难哀伤。并对死后家事进行了交代，语多悲壮萧然。其母王采玉接信后，相反请自己的侄儿给他传话：“死生一视于义，不必以家事为念。”王氏在蒋氏心目中之位极所处，由此后蒋对其至尊至诚可见之。五日后，蒋介石领上百人组成的敢死队，冲锋在最前，为革命军扫出一条血路，光复杭州。蒋介石回沪邀功，陈其美出任沪军都督，蒋被委任为沪军第五团团长。

25岁的蒋，可谓一击而成，初任要职。但第二年，蒋因参与刺死陶成章一案，群情嚣然，纷纷责难，只得前往日本暂避风头。但一年后， 蒋又西装革履回乡，此次归乡，蒋则带回了一位如花似玉的小妾姚冶诚。

（下）推断姚冶诚在蒋家的位置，似乎只有现存于蒋氏故里这面墙上所悬挂的陈旧图片为准。上面清楚地写着姚氏为蒋侧室，地位与随后比她声名显要的陈洁如比肩。

辛亥革命后约十年中，蒋介石的生涯介于游侠浪人和革命志士之间。他在此间的留影，代表了那个时代烙印在每个人身上的痕迹。1913 年，当反袁的二次革命开始时，蒋介石再应陈其美之召，召集旧部，仍任团长职，但不久二次革命失败，蒋被袁以三千大洋通缉，蒋四处躲避，惶惶若丧家之犬。1916 年，陈其美被刺身亡后的数年里，蒋孤居沪滨，彷徨无主。无所事事之余，随张静江、陈果夫等人在上海证券物品交易所当经纪人，做证券投机买卖，趁空常往溪口转转，省视老母，看望爱子。

蒋的上海之旅，带给他后来事业中的数位重要人物。浙江人张静江就是其中一位。

蒋介石父蒋肃庵墓

在溪口镇上，蒋的父亲与母亲各有一墓，母亲去世后，葬在鱼鳞岱，父亲墓则在桃坑山。父母死后并未同穴，成为当地独特一景。蒋肇聪死于 1895 年，其死时，蒋母王氏孤儿寡母，无力大办其夫的丧事。1913 年，蒋介卿与蒋介石兄弟二人正式安葬其父于桃坑山右。坟堆较大，内置四穴，实葬三人，即蒋父与其发妻徐氏、续弦孙氏，空一穴准备留给第三位妻子王采玉。但王采玉当时即表达异议，不愿屈居下位，更不愿自己儿子被人议论为填房所生，恐日后对蒋的前程不利。蒋介石其后也谨遵母嘱，为母亲另择墓地，择地而葬。

1918年间的蒋介石，身姿挺拔，瘦削若竹。从图片中看，他的左手似按压手枪，右手则放置于腰间。臂上悬挂着一枚臂章。有好事者考据蒋为左撇子，但未能证实是否属实。

第二章

大起大落的前十年 黄埔建军 一统中原 “清党”

上海淘金，蒋介石大起大落，赚赔互见。别旧式妻妾，娶“一见钟情”陈洁如

1915年秋，陈其美被孙中山任命为淞沪司令长官，与蒋介石重返上海，发动肇和舰起义讨袁。虽然不幸失败，但全国当时已经涌起讨伐袁世凯的运动，蒋介石便在上海四处活动。1916年5月，陈其美遭袁世凯暗杀，蒋介石顿失依靠。1916年6月6日袁世凯去世后，孙中山筹组的中华革命党解散，蒋介石便出现从政坛淡出的迹象，先是以门生姿态结交时任法租界巡捕、权倾一时的上海滩大哥大黄金荣，继而在孙中山筹措革命经费的指示下，与张静江、戴季陶筹资创设上海证券物品交易所，陈果夫居中担任经纪人，以恒泰号、利源号为名玩起投机生意。

在这段上海的淘金岁月中，蒋介石不但在经济大潮中上冲下洗、赚赔互见，其感情生活同样精彩，出现了一个翻天覆地的大转变。1921年12月5日，

在政坛上崭露头角的蒋介石，抛开了传统婚姻关系下毛福梅与姚冶诚这“旧式”一妻一妾的干扰，与陈洁如在上海永安大楼大东旅馆内结婚。34岁的蒋介石与年仅15岁的陈洁如结婚时，长子蒋经国已经11岁，这是他的第三段婚姻。

据陈洁如回忆，新婚之夜蒋介石对她透露，在王太夫人过世后，他就下定决心要达成三个心愿，一是娶陈洁如为妻，二是赢得孙中山的信任，三是成为中国惟一的军事领导人，并将全中国统一于一个中央政府之下。就在蒋于1921年底达成结婚的第一个心愿后，事业也出现转机。

陈炯明炮轰总统府，蒋介石救驾入主黄埔军校，为得取党军实权做准备

1924年5月3日，孙中山以大元帅的名义宣布成立军校，并坚持由蒋介石负责主管校务。这所首先由中国国民党筹办的军事学校，初称“陆军讲武学校”、“陆军军官学校”，校址在珠江口的黄埔岛，即后人通称的“黄埔军校”，由孙中山出任校总理，蒋介石为第一任校长并兼粤军参谋长，廖仲恺为首任党代表，下设政治、教练、教授三个部，由戴传贤出任政治部主任，黄埔军校学生也成为蒋介石日后打天下的子弟兵。

由于孙中山当时已采取结纳苏共的立场，因此不但学校呈现出中国第一支苏式军校的风貌，军校干部也呈现国共合作的局面，成员大多由北方招来。

虽然有戴季陶等人的强烈反对，蒋介石在此时为配合孙中山的大政方针，还是力挺国共合作立场，不时高喊“打倒帝国主义、封建军阀”的口号，并让独子蒋经国前往莫斯科中山大学求学，甚至还在公开演说中强调“为三民主义而死即为共产主义而死”。

1924年10月，孙中山应段祺瑞邀请北上共商国是，提出了和平解决国内争议的方针；蒋介石却在1925年2月初，展开了黄埔军校成军来的第一次东征，联合滇军、桂军，在苏联顾问的协助下，打得东江的陈炯明没有还手之力。但在第一次东征期间，先是孙中山病逝于北京，又传出杨希闵的滇军与刘震寰的桂军出现不稳迹象，蒋介石转头回广州，先是以党军司令官的身份，结合谭延闿的湘军，返回广州平定刘杨争议，继而出任广州市卫戍司令。

但在7月成立的委员制国民政府中，仍由汪精卫出任主席，许崇智出任军事部长，并有俄国顾问鲍罗廷的支持；国民党创国元老，在孙中山死后代理元帅职务的胡汉民，反而被挤到了外交部长职缺；至于蒋介石则并未担任国民政府委员职位，仅与廖仲恺、谭延闿等人同为军事委员会委员。

1925年8月间，力主联俄容共的廖仲恺遭人刺杀，幕后嫌犯指向胡汉民的堂弟，舆论哗然，汪精卫随即在鲍罗廷的建议下，与蒋介石、许崇智组成全权因应小组处理争议，在蒋介石的主导下，胡汉民先是被软禁在长洲，随即在9月间遭流放到苏联。

在内部一统后，蒋介石除了与汪精卫保持亲密关系，又于10月展开“第二次东征”，并以周恩来为政治部主任，结合李济深的军队，强攻惠州城，一举击败陈炯明，完成了东征工作。蒋介石以显赫战功加上效忠的黄埔军队，此时虽然在国民党内算不上真正核心，但实际上已宛如一方之霸，甚至具备了军阀的雏形。

打“下野”牌，借“中山舰事变”，排挤汪精卫，整肃中共人士

1926年国民党二大后，蒋介石在北伐、军费划分以及北上援助遭直奉夹击的冯玉祥部问题上，都与苏联顾问季山嘉产生了极大分歧。2月间，蒋介石以辞职下野甚至打算北游苏联为要挟，企图与季山嘉摊牌。

1926年3月18日发生的中山舰事件，则一举改变了国民党的权力结构与大政方向。当天晚间6时左右，国民政府海军局所辖中山舰驶抵黄埔军校，向时任教育长的邓演达宣称奉蒋介石命令调遣前来，隔天深夜又开回省城，引发蒋介石高度质疑，先命令海军学校副校长欧阳格暂行管理舰队，又紧急逮捕海军局代理局长、共产党员李之龙，并派军队在广州附近戒备。

虽然事后蒋的办公室主任孔庆睿证实因外洋轮船被劫，电请派舰保护，李之龙也坚决否认发动兵变，只是奉黄埔军校驻省办公室主任欧阳钟口令，派中山舰保护商船，但蒋介石在查无实据情况下，仍影射这是汪精卫与俄国顾问季山嘉合谋，由潜伏军中的中共党员发动事变，企图逮捕他后径送海参崴。因此蒋介石在3月20号发动全城戒严，并针对共产党、工人、工人纠察队展开搜捕镇压，同时监视苏联顾问，并派广州公安局长吴铁城包围汪精卫住所。

蒋介石军事接管的大动作，立即引发国民党内派系不满，包括邓演达、谭延闿，甚至宋子文，都对蒋介石的动作表达不满，也有人质疑蒋介石打算一改孙中山力主的联俄容共方针。病中的汪精卫更出面质疑蒋介石的行动“反革命”，形同“造反”，因此让国民党内亲共人士与反蒋人士结合成“反蒋联盟”。

不过由于当时的苏联军事顾问为达成苏共党中央关于联合国民党优先完成资产阶级国民革命的要求，因此采取妥协态度，反而撤换了顾问季山嘉，使得情势倒转对蒋介石有利，汪精卫在外援纷纷抽手的情况下，只有负气以养病为名前往法国，不但让蒋介石独揽大权，汪精卫也背上了发动“中山舰事变”的罪名。

蒋介石大权在手，获补选成为军委会主委，更重新获得了苏共顾问鲍罗廷的支持，在限制中共于国民党内活动的状况下，通过了四项“整理党务决议案”，结果蒋先在中国国民党中央党部与国民政府联席会议中取得军事委员会主席，又获国民党中央执行委员会任命为组织部长，再获国民政府任命为国民革命军总司令、军人部长，又成为中央委员会常务会议主席、国民政府委员，集党、政、军大权于一身。

1926年6月3日，国民政府终于下了北伐令，并任命蒋介石为总司令。7月9日正式誓师，由张静江代理中常会主席。全面攻势异常顺利，唐生智、李宗仁击败吴佩孚部，于7月10日克复长沙。11月中旬才打赢江西战事，直到1926年底终于顺利掌握华南7省地盘。

张静江显然在 20 世纪 30 年代之前的历史上属于显要人物。现留存于世的诸多照片上，都写有当年中国最声名卓著的将军与统帅们题赠他的字样。如同这些字迹一样，他在中国历史上的面目显得十分清晰，且留下诸多印痕。他的传奇表现在史书中有各类不同记载。在《张静江传》一书中，他被认为“没有他就没有辛亥革命的早日成功，没有他就没有蒋介石在国民党内的早日兴起”。

张静江少时侠义救火，双腿伤残。25 岁出使法国，办通运公司，创《新世纪》周报，宣传各国革命。1906 年春，海上邂逅孙中山，开始从事反清运动，倾家资助革命经费。二次革命后，张支持孙成立中华革命党，并出任财政部长。孙中山称他为革命圣人。1914 年，张回国开办上海证券物品交易所，蒋在此际与他相遇。

据称，这位传奇式的人物，是 20 世纪初江浙财团的四大亨之一，是国民党的四大元老之一。孙中山称他为二兄，中华第一奇人；毛泽东认为他是有“经济眼光的人”，陈果夫则称他为“党国理财”第一人，蒋介石更称他为“革命导师”。另有论者由此认为，蒋介石得识陈其美走上孙中山领导的资产阶级革命道路，与张静江结拜，则成为他后来发迹腾飞之起点。

1916 年 9 月，张静江引见蒋与军界前辈、孙中山第一军事助手许崇智结识，三人也结为兄弟。蒋也正是与许结义后，才得以在军界崭露头角。

上图为张静江夫妇合影。蒋与陈洁如的关系，竟也发端于张的妻子。

1918年，蒋介石任第二支队司令时的标准造像。

这张照片背后记载着蒋与孙中山先生首次合作以及其后蒋人生重大转折的开始。蒋其时已多经历练，在诸多前师后友的点拨与耳濡目染之下，已深谙统御厚黑之术，即使在革命前线他也屡试不爽。

1918年3月，孙中山电召蒋介石赴广东。这是孙中山首次起用蒋介石。由于孙中山身边缺少忠于他的军事人才，蒋介石总算是到日本学过军事的老同盟会员，因此逐渐受到孙的赏识，蒋从此平步青云。历任粤军总司令部作战科主任，第二支队司令。等到朱执信、郑铿先后殉职，孙对他的倚重益升。1920年10月，孙中山在致蒋介石信中说："执信忽然殂折，使我失左右手。计吾党中知兵事且能肝胆照人者，今已不可多得，惟兄之勇敢诚笃，与执信比，而知兵则又过之。"对其厚望跃然纸上。但孙中山仍认为他性格使然，担任参谋工作较为合适，而未予兵中重柄。尽管如此，蒋介石却不安于位，一次次地以要受到排挤为名，要求辞职，一次次地从驻地漳州回到上海，或回到溪口。多次在军事选择上最需要他的时候，提出辞呈，或者干脆不辞而别，这种以退为进、谋求实位的办法，蒋介石屡试不爽，每次都在孙中山的督责、劝慰下归军复职。从1918年至1922年，蒋介石数年间即历经作战科主任、第二支队司令和第二军参谋长等职。个中奥妙，发人深省。

蒋介石与其二子经国（12岁）、纬国（6岁）。蒋经国眉清目秀，身材颀长，与其后的矮胖之形相差甚巨。

蒋介石题的丰镐房报本堂匾。

丰镐房内特意为小脚的蒋母所特制的小楼梯。

蒋介石在1920年春至1921年两年间，历经两次重大变故。先是在1920年春天，目疾刚好，又染伤寒，几乎夺命，病好后甚至有出家普陀山的念头。接着其母王采玉也重病缠身，日甚一日。据王月曦先生所作的考据文章称，1921年5月，孙中山在广州就任非常大总统。5月10日，蒋介石从家乡赶回广州，20日到达，不想24日晚做了一梦，梦见雪满山原，一白无际，警觉过来，出了身冷汗。据蒋称，某种强烈的心灵感应使他料定这是老母不久于人世的凶相，马上返回家里。实际情况则是蒋在军中因处境不如意，在家养晦。王氏弥留之际，示蒋要为她另择墓地。

王氏于1921年6月14日上午7时，逝于故居，享年57岁。

蒋遵母命，请奉化有名的风水先生勘察坟地，最后选定离溪口镇约1.5公里的上白岩山鱼鳞背中垄。据说这里是最好的龙脉。这时的蒋在中国政坛上崭露头角，母以子贵。王氏去世，已成年中大事。接到蒋母去世之讣告，孙中山、林森等国民党要人齐致唁电。及出殡之时，孙中山派陈果夫代表诣奠，居正、戴季陶等皆来送葬，孙中山祭文充分肯定蒋母培育孤儿蒋介石之功：“恩勒半苦，以抚遗孤，养之长，教之成。”孙还亲自为蒋母题写墓碑：“民国十年，蒋母之墓 孙文题”。蒋介石则自拟联为：“祸及贤慈当日顽梗悔已晚，愧为逆子终身沉痛恨靡涯。”此字为张静江书。胡汉民作墓志，汪精卫作铭，书法家沈尹默书，极尽哀荣之能事。也在这次出葬中，蒋看到了自己的政治底牌与身价之重量。

蒋介石曾任过校长的武岭学校。其子蒋经国即毕业于此。

蒋家为蒋经国所盖的小洋楼。每次蒋经国回到溪口，均会驻馆于此。而他在溪口的岁月，也在这里被记载。

1922 年，孙中山与蒋介石商议北伐策略。粤军总司令陈炯明叛变，带给了蒋介石人生的重大转折。据他的卫士长回忆，陈叛变后，孙避难于永丰舰。孙中山信电交驰，蒋闻讯后，急奔广州，登舰随侍四十多日。回忆录中有这样的字句：形势持续恶化，永丰舰受到威胁，蒋介石急请孙中山移居下舱，而自守舵楼，冒险通过车歪炮台，直驶至白鹅滩，始脱离险境。至 8 月 9 日，孙中山离永丰舰乘英舰赴香港转沪，蒋介石随行。由是得到孙中山的信任与器重。1923 年，蒋出任陆海军元帅大本营和行营参谋长，并赴苏考察，4 月而归。1924 年国共合作后，孙中山更将黄埔军校校长、粤军总司令部参谋长等重要职位交给他。图为 1922 年蒋就任大本营参谋长时的骑马照。蒋仍依例将此照赠送给张静江。

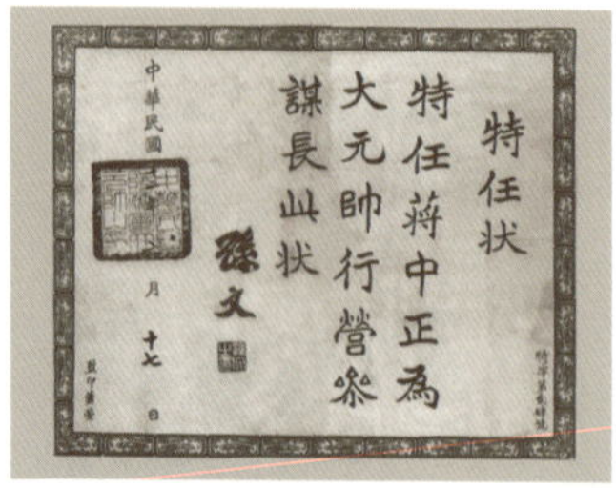
特任状

特任蒋中正為大元帥行營參謀長此状

孫文

中華民國　月　十七　日

孙中山于 1923 年 6 月 17 日任命蒋为大元帅行营参谋长的特任状。

1922 年，孙中山在广西桂林建立北伐大本营。孙中山信电交驰，令蒋速归，蒋千里就道，赶至桂林。蒋介石仍依例存照留念，此为他于 1922 年元宵节时，在桂林八桂厅前留影。

委任狀
委任蔣中正為本部
軍事委員會委員
此狀
中國國民黨總理
孫文
中華民
三日

孙中山于 1923 年 2 月 3 日任命蒋为军事委员会委员的委任状。

黄埔陆军军官学校。这个在中国历史上举足轻重的军事学校，正在随着历史的远去，而愈益发黄，甚至没于史书与回忆的卷宗。这个学校由国民党建立，曾一度称为“国民革命军官学校”等名字，初期发毕业证时，还自称为陆军军官学校，只因校址在珠江口之黄埔岛，时人称之为黄埔，以后也以此在历史上成名。

校訓

親愛精誠

蒋中正

蒋介石为黄埔军校题写的校训。

1923 年 6 月蒋介石在广州留影。此时的蒋志得意满。在这个他不喜欢的城市，享受着自己处心积虑所筹划得到的职位升迁与人生重要的转折。照片后有蒋亲笔题词："十二年六月中正在粤讨贼纪念摄影以奉静江二兄惠存。"

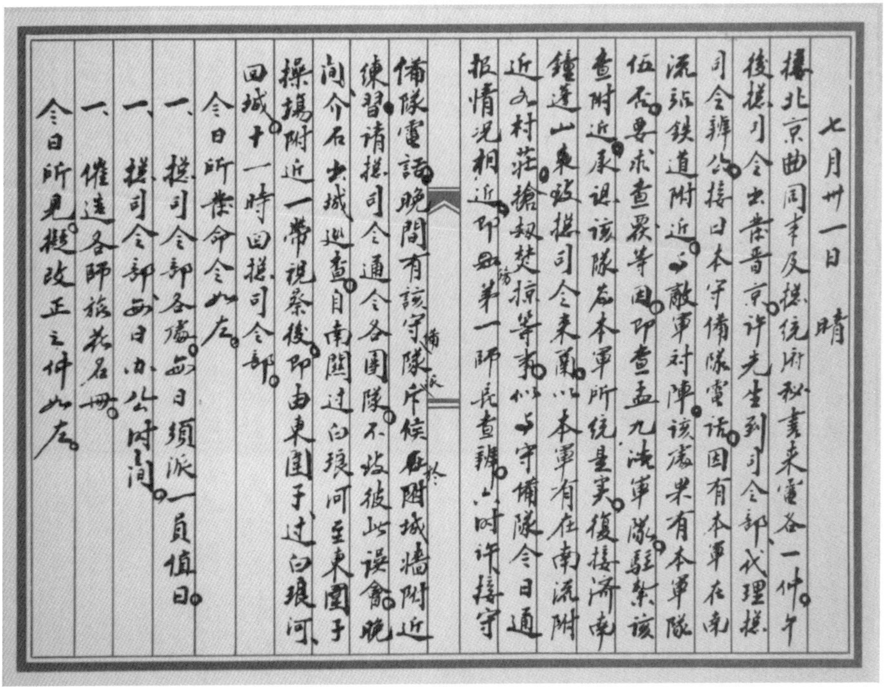

七月卅一日 晴

據北京曲同丰及總統府秘書來電各一件。午後總司令出發晉京，許先生到司令部代理總司令辦公。接日本守備隊電話，因有本軍在南流張鐵道附近與敵軍對陣，該處果有本軍隊伍否，要求查覆等因。即查孟九溥軍隊駐紮該處附近，飭退該隊為本軍所統，並實。復接濟南鐘達山東政總司令來函，以本軍有在南流附近之村莊搶奴焚掠等事，與守備隊今日通報情況相近，即與第一師長查辦。[illegible]時許接守備隊電話，晚間有該守備隊欲於附城牆附近練習，請總司令通令各團隊不致彼此誤會。晚間介石出城巡查，自南關過白狼河至東園子操場附近一帶視察，後即由東園子過白狼河，回城十一時回總司令部。

今日所發命令如左。

一、總司令部各處每日須派一員值日。

一、總司令部每日辦公時間。

一、催造各師旅花名冊。

今日所見擬改正之件如左。

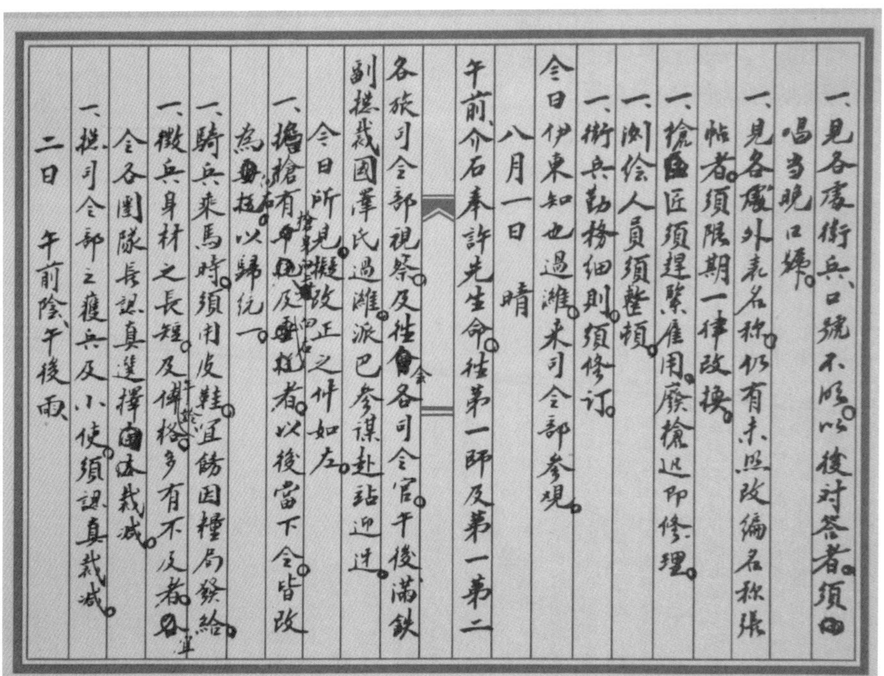

一、見各處衛兵口號不明，以後對答者須回唱當晚口號。

一、見各處外表名稱仍有未照改編名稱張帖者，須限期一律改換。

一、槍匠須趕緊雇用，廢槍即修理。

一、測繪人員須整頓。

一、衛兵勤務細則須修訂。

今日伊東知也過濰，來司令部參觀。

八月一日 晴

午前，介石奉許先生命往第一師及第一第二各旅司令部視察，及往會各司令官。午後滿鐵副總裁國澤氏過濰，派巴參謀赴站迎迓。

今日所見擬改正之件如左。

一、[illegible]有[illegible]及[illegible]者，以後當下令皆改為[illegible]以歸統一。

一、騎兵來馬時，須用皮鞋，宜飭因糧局發給。

一、徵兵身材之長短及體格多有不及者，令各團隊長認真選擇，由本裁汰。

一、總司令部之雜兵及小使須認真裁汰。

二日 午前陰，午後雨。

1916年6月，蒋介石奉孙中山之命，驰赴山东潍县，任中华革命军东北军参谋长，不久因东北军解散南归。此为蒋当时日记。

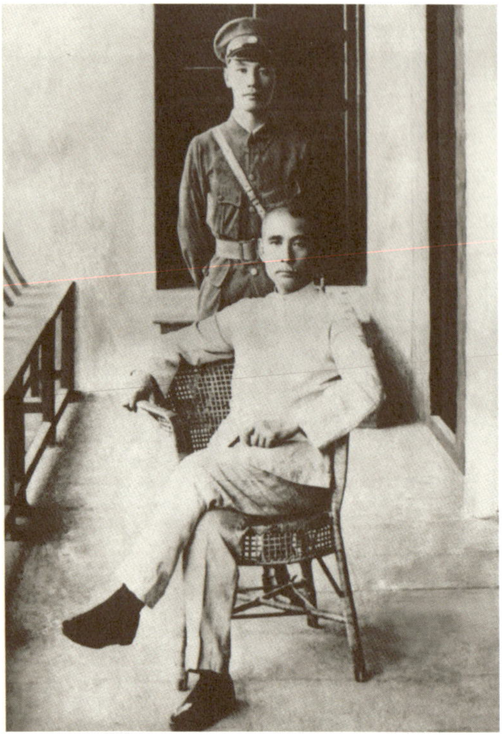

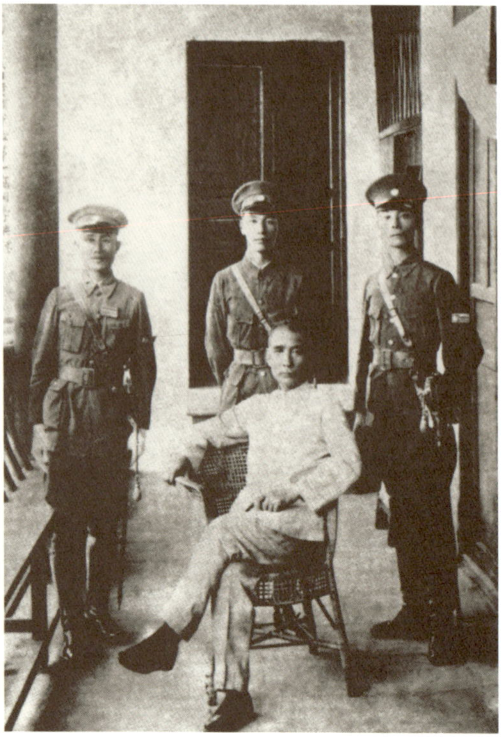

蒋介石随侍孙中山。

这张图片流传甚广，甚至成为蒋介石示世的一幅经典图档。此时的蒋已走到他人生的第一个重要的路口。据后世诸家史书中，评价蒋是“在合适的人身上选对合适时机的高手”。照片上的蒋似乎并不会给人这种错觉，相反，他的脸容给人英俊、忠诚之感。环拥在孙中山身旁，不过一个忠勇之士的模样。美国《时代》周刊在刊载此照片时，认为这张拍摄于1924年的照片显示出中国革命领袖孙中山和蒋介石的亲密关系。不过另外一张摄于同期同时同地的照片上面多了另外两个人：左为何应钦，右为廖仲恺。另有一说，是有人刻意将这两个人从照片上消掉，只余下蒋的身影，只是此说并无实据。

孙中山主持黄埔军校第一期开学典礼，蒋介石陪同阅兵。1924 年 1 月 20 日，在孙中山的主持下，在广州召开国民党第一次全国代表大会，宣布三大政策，并委派蒋介石筹建黄埔军校。据黄仁宇在其《从大历史的角度读蒋介石日记》云，孙中山虽对蒋识见多年，但直到陈炯明叛变时方把他“画入内圈”。只是至此他资望仍浅。即使接下这个校长时，他的内心也仍存“怨望”，不愿继续筹办军校事务，因为不甘心孙中山嘱他“专心办学，不问军事政治”。也料不到曾几何时，蒋介石以黄埔军校校长之身份，既过问军事，也干预政治，因之为国民党在广东打开局面。

当孙中山宣布蒋介石任校长时，第一期学生业已招收完毕，原则上多收北方人，据首期学员徐向前回忆，应试时政治思想占先，其他并不重要。

6 月 16 日，黄埔军校正式开学，举行盛大开学典礼。孙中山及夫人宋庆龄，党代表廖仲恺，教官叶剑英、萧楚女、恽代英等国共两党人员及苏联顾问均到现场参加。

参加典礼的学生约有 499 人。学校汇集时下精英，诸多中共党员也在其中。其后，周恩来回国在军校任政治部主任，共产党员也大多在本校学习。据当时的学员回忆，当时那种精诚团结，携手并进，共同为完成中国革命的反帝反封建的历史任务而战斗的精神是前所未有的。其后各期学生，竟成为战场上各为其党的战将，这使一直以自称“本校长”而将所有的手下将领视之学生的蒋某，始料未及。不过，那天在会上进行训话时的孙中山，以“革命军的基础在高深的学问”为题进行演讲，其中提到的“以俄为师”的说辞，似并没有被肃立一旁的蒋校长听进去。因为很快他就开始与共产党宣战了。

照相术显然是20世纪最重要的一个发明。初传入中国后，照相更成为一个阶层与某件事重要的纪念。20年代旧中国官场积习与流行时尚即在升职或者喜庆时，均会留影一张，以备存念。此照摄于蒋就任校长后的第二天。蒋介石就任此职后，依照传统留影纪念。并按当时官场旧习，将此照片散赠诸位同好。此照片即赠给一直给自己在政治与经济上有力奥援的张静江。张之妻朱逸民与陈洁如为“总角之交”，关系密切。在此阶段，蒋展尽其手段。军校初创，枪弹皆无，其从旧同僚中征得一百多条汉阳造步枪。这在当时也是一支武装。蒋因此视军校为自己的安全之地。其后蒋在广州再任新职，也不离弃这块地方，仍在军校设有办公室。

这幅于 1926 年 5 月合影于黄埔军校的照片则成为蒋氏与陈洁如婚姻的法定照片，每每于公开报刊载录。而蒋与陈的结识，即缘于张静江这位盟兄。张静江有意识地从各方面对其严加督责，使蒋对其怀有一种敬惮之心。蒋曾在一封信中对张表白说："戴季陶为我益友，而公则为我良师也。"张在生活中也给予蒋重要支持。

蒋介石对于女色，看法独特，他自认男女之间两情相悦，有助于自己的个人奋斗。蒋此际对毛福梅一直若即若离，对妾姚冶诚矛盾诸多，前者是"闻步声，见人影，即成刺激"，后者则"痛扑移时犹不足平我怒气也"。蒋介石斯时暂住张家，偶遇到 13 岁的陈洁如，陈虽未成年，但身材高挑，已给人成熟之美。蒋对其可谓一见钟情，从此苦追不舍，几近疯狂，结果屡遭拒绝。最后还是张静江出面，趁陈父去世之际，玉成了此事。陈洁如方在母亲的安排下 答应了婚事。

结婚仪式于 1921 年 12 月 5 日在上海永安大楼大东旅馆的大宴客厅举行。证婚人张静江，主婚人戴季陶，经办律师是江一平。订婚时，蒋介石将新娘旧名陈凤改为陈洁如，蒋介石时年 34 岁，陈洁如 15 岁。

蒋中正于1927年1月10日拍摄并题赠张夫人的纪念照片。张夫人即张静江的夫人，此际蒋正央其为他介绍陈洁如相识。

1925年2月，为了肃清广东东江一带陈炯明的势力，蒋介石受命东征，并以黄埔军校师生和许崇智部粤军为主，组成右路东征军，收复东江地区。此为东征时，蒋介石与李济深在轮渡上合影。

黄埔军校国民党代表廖仲恺。早年留日，与夫人何香凝加入同盟会。1924 年 5 月，孙中山派其为驻黄埔军校党代表，主理党务。

蒋介石在北平招待记者。

孙中山逝世，导致国民政府变局。国民党中央执行委员会会议决定改组大元帅府为国民政府。1925年7月，成立军事委员会。其时政府中掌握实权的为国民政府主席汪精卫担任主席，胡汉民、伍朝枢、廖仲恺、许崇智、蒋介石等为委员。大权则掌握在军事部长兼广东省长许崇智手中。随后，国民党中央政治委员会议决定东征计划，图为部分委员合影。

就在东征即将开始时，发生廖仲恺被枪击案。1925年8月20日，廖仲恺偕夫人何香凝前往中央党部开会时，刚下车，即遭人迎面枪击而死。廖案发生后，国民党中央执行委员会、国民政府军事委员会决定组织特别委员会调查此案，推汪精卫、许崇智、蒋介石负责政治、军事、警察全权，并任命蒋介石为广州卫戍司令兼职。经追查，胡汉民与许崇智与此案均有牵连，二人遂离广东。

至今，两岸均对孙中山推崇感戴。孙中山曾以“联俄、容共、扶助农工”而达致第一次国共合作。在其于 1925 年逝世后，蒋介石在 1926 年因中山舰事件排除中共，1927 年更以流血方式“清党”，自此双方埋下深仇巨恨，在共产党眼里，蒋介石背“理”。在蒋介石的认知下，孙中山曾以中共“不用于中”，因此，“联俄、容共”只是阶段性策略，与其共成功，不如“先下手”。蒋介石对于总理遗嘱的运用与修正，一直为各方诟病。

第三章 改变历史的蒋宋联姻 北伐功成 与中共为敌

挟青帮大举“清党”，宁汉分裂，蒋介石与宋氏兄妹各站一边

虽然北伐军的攻势凌厉，但是蒋介石的右派色彩越来越浓，又有军人部长的用人权与独断权，不时越过部属与部队而直接指挥军事，让国民党左派与中共越来越不放心，终于打算通过新选出的政治委员会，一扫蒋介石专政的阴影，同时发动舆论压力，迫使蒋介石同意在野的汪精卫回国，作为对蒋的牵制。

种种的不利因素，让取得军事主导权的蒋介石颇为介意，因此在武汉克复后，蒋介石率先发动迁都提议，希望先行化解广州成为左派主导根据地的危机。又由于远在广州的左派与中共势力，也担忧唐生智代表的新军阀势力可能随时转向，需要有人就地弹压，因此包括宋庆龄、鲍罗廷等人纷纷陆续转赴武汉，并迅速于1926年12月13日成立临时联合政府。

武汉政权方开始运作，就立了下马威，警告蒋介石不该欺压共产党，破坏孙中山联俄容共政策，让当时人在南昌前线的蒋介石大为光火，惊觉遭到架空，因此联系当时的国府代主席谭延闿、中常委代主席张静江留在南昌，并要求撤换鲍罗廷，结果形成了两个党中央“鄂赣分裂”的局面。

1927年3月间，蒋介石率领李宗仁与程潜攻打南京，面对李宗仁不愿与蒋介石敌对、程潜遭到蒋介石收编的情势，武汉政府对一心硬干的蒋介石束手无策，只能坐视蒋介石顺利控制南京，并藉工人纠察队帮助光复上海，顺利扩大势力范围。蒋介石这段时间在张静江等人的拉线下，迅速与江浙、上海等地富商建立紧密关系，从此打通金援的天地线。

武汉中央政府在“4·12”事件发生后，决议开除蒋介石党籍，并认为蒋介石已触犯“反革命”罪名；蒋介石则于1927年4月18日在南京另立党中央，导致“宁汉分裂”，国民政府正式分裂为武汉政府和南京政府，包括汪精卫、谭延闿、宋子文等人则发出通电，要求国人一同铲除孙中山的叛徒。

只是面对蒋介石关于共产党操纵武汉国民党中央的指控，为免落人口实，汪精卫也采取“分共”措施，解除鲍罗廷职务，中国共产党既不能见容于国民党，只有往农村挺进。因此“宁汉”的均势，转而建立在从潼关攻下洛阳的西北军冯玉祥身上，但由于冯玉祥力主双方调停，尽速北伐，因此使得局面僵持。

北伐徐州受挫，蒋介石二度打出“下野”牌，终得党政军独大地位

冯玉祥的中立态度，让“宁汉”都面临缺乏军事把握的困境，也因此牵制住长江上下游之间的这场北伐军内部的大战。但是蒋介石并没有因此获利，反而为了加速北伐，取得国民党内一统的正当性，蒋介石亲率何应钦、李宗仁、白崇禧聚集的庞大部队，挥兵指向徐州。

面对内外舆论压力，加上北线、西线可能双面迎战的威胁，在上次下野攻势中获利颇丰的蒋介石，又采取了以退为进的老招，通告李宗仁后决定宣布下野，于1927年8月13号宣称隐居奉化，但在台面下，蒋介石依旧牢牢掌握住南京防务，乃至于党政的决策权。

桂系在蒋介石宣布下野后，由李宗仁出面与武汉方面议和，希望打消唐生智部沿江南下的压力，并要求汪精卫率武汉政府迁往南京。但汪精卫率部南下后，却面临南京党政人

士的群起反对，不但政务形同瘫痪，更迫使汪精卫也只能通电引退。

“宁汉分裂”的争议迟而不决，群龙无首，北伐军各军阀开始混战。不但冯玉祥与阎锡山面临直奉的直接军事压力却无法取得北伐军的奥援，显得难以为继，要求蒋介石出山主持大局，情势更蔓延到广州国民政府也宣称与南京国民政府相对立的地步。汪精卫只能在1927年底正式促请蒋介石复职，并同意与蒋研商党政统一的问题。

老谋深算的蒋介石在正式出山前，先由南京政府派人连番“围剿”广州的有关中共起事的争议，迫使汪精卫为“放任共产党酿祸”负责并引咎出洋，又借着吸纳汪精卫势力，打击胡汉民，同样让胡汉民远走异乡，从而终于顺利在国民党内取得独大、独裁地位，在1928年初重新出山担任国民革命军总司令、国民党中执会主委、组织部长、军委会主委职务。

弃20岁陈洁如，娶30岁美龄，蒋宋联姻势力进一步扩大

就在此时，已然纵横中国政界与商界的宋氏家族，在宋家大姐宋霭龄的热心撮合下，与炙手可热的蒋介石搭上正式的姻亲关系。1927年12月1日，蒋介石与宋家幺妹、三小姐宋美龄在上海结婚，正式掀开了蒋孔宋家族主导中国经济与命运的历史一页。

蒋宋联姻在当年可谓轰动海内外华人的世纪婚礼，《陈洁如回忆录》中又称，蒋宋联姻是由宋霭龄提出，蒋介石拿到打仗需要的钱饷，交换南京政府重用孔祥熙和宋子文。

1927年12月1日，时年40岁的蒋介石正式在上海大华饭店宴请宾客，以盛大的仪式迎娶时年30岁的宋美龄过门，婚礼由北大校长蔡元培证婚，场面浩大，八方宾客云集，号称是中国的世纪婚礼，获得国际各大媒体报道。蒋介石也在结婚感言中强调，这一天是他一生中“最光荣、愉快的日子”；两人新婚后随即前往浙江莫干山欢度蜜月。

蒋介石与宋美龄的婚姻，让蒋介石的地位提高到孙中山姻亲的地步，在重视人际关系与辈分的国民党中，无疑让蒋介石主导的正当性更为加强；同时宋子文与江浙、上海财团的金援，更让蒋介石的东征西讨，乃至于分化敌对势力，得以无后顾之忧；此外，宋氏家族与美方的关系，以及亲美的态度，也让蒋介石重新思考与西方列强的关系，更彻底斩断与苏共之间的联系。

北伐成功，统一中原，蒋着手布建由特务体系主导之政局

蒋介石在1928年4月10日誓师北伐，由于三方包围直奉军队，因此蒋介石率领的东路军进兵迅速，顺利打败张宗昌与孙传芳，在5月1日进驻山东济南，但由于日军干预发生五三惨案，济南也遭轰炸，让蒋介石决定妥协避开日军，改由冯玉祥率军绕道北伐，他则转回徐州。由于日军欺人太甚，张学良、杨宇霆等奉系将领转向主张政治解决南北争议，终于让张作霖宣布停战。1928年6月3日，张作霖在返回东北途中遭日军炸死，在张学良主导下，东北军加速撤回关外，蒋介石于6月15日正式宣布北伐成功，完成统一，张学良也于同年12月29日宣誓东北改帜，归属中央。

北伐虽然完成，但军阀势力依旧，除东北军仍在关外虎视眈眈外，联手北伐的四大集团军，以及南方由李济深掌控的广州兵权，都充满了冲突与对立。因此蒋介石于1928年6月9日释放下野讯息，不但借各界慰留抬高身价，另一方面则给各集团军施加压力，为后北伐时期的军权一统、削藩、“以党领政”作准备。

不过军阀势力虽然庞大，由于各行其是，形同一盘散沙，给了蒋介石从中离间、各个击破的大好机会。1930年5月8日，蒋介石率军北上徐州，号称率部60万人，并有德国的军事技术与设备相助，金援上也相当充沛，希望一举击溃倒蒋阵线的70万大军，不过双方苦战两月余还是不见决定性胜负。

1930年9月18日，张学良率领的东北军通电拥护中央，要求双方罢兵，并派兵进略华北，使反蒋联军腹背受敌，终于让大战宣告大势底定，蒋介石在战后一举收编四个集团军，成为中国最强的军事势力。

北伐时期的蒋介石

1926年7月9日，国民革命军总司令蒋介石就职之日，同时在广州东校场举行北伐誓师典礼，通电全国，揭示北伐宗旨。誓师词以四言形式写成，慷慨激昂，指出："嗟我将士，尔肃尔听。国民痛苦，火热水深。土匪军阀，为匪作伥；帝国主义，以枭作伥。本军兴师，救国救民。总理遗命，炳若日星。吊民伐罪……我不杀贼，贼岂肯休。势不两立，义无夷犹。我不牺牲，国将沉沦。我不流血，民无安宁。三民主义，革命之魂。嗟我将士，共赋同仇。革命不成，将士之羞。嗟我将士，如兄如弟。生则共生，死则俱死……"1926年6月4日，国民党第二次代表大会在广州举行，决定实行军事北伐政策。5日，国民党中央任命蒋介石为国民革命军总司令，全权处理北伐军事事宜。由于北伐是孙中山遗志，孙中山过世的第二年，国民党尚未发生激烈的内争，仍完成大致的整合，并在国共合作的架构下，根据原定计划挥师北上。

1925年7月，为统一军政，国民政府所属各军一律改为国民革命军，军权交还国民政府。由黄埔军校师生为主组成国民革命第一军，军长蒋介石，旋由何应钦接任。湘军改为第二军，滇军为第三军等八个军。至1926年，国民革命军约十万人。右图为时任第一军军长的何应钦。

何应钦

蒋介石就职国民革命军总司令的标准照。此时的蒋志得意满。1925 年 3 月孙中山过世后，汪精卫成为国民党党政军最高首长，压制蒋介石，迫使蒋处境孤立，几乎使其濒临出亡的窘境。不过具有枭雄个性的蒋介石却利用“中山舰事件”调兵，同时压制汪精卫与清除共产党，反过来取得最高权力，到了 1926 年中国国民党二大时，蒋介石即“枪指挥党”，成为国民党内最具政治实力的人物。

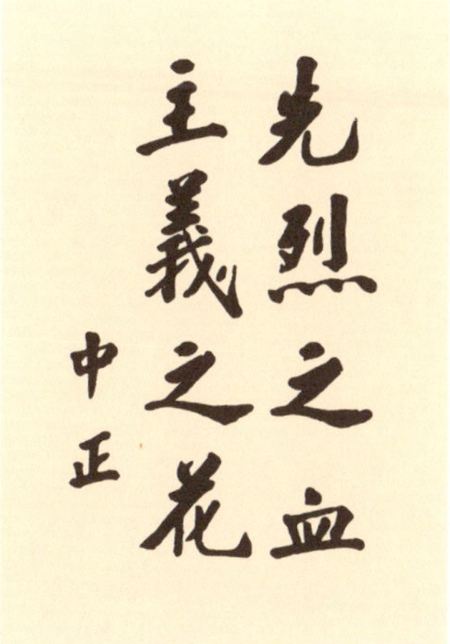

北伐前期的蒋介石墨迹。

蒋介石与胡汉民合影。

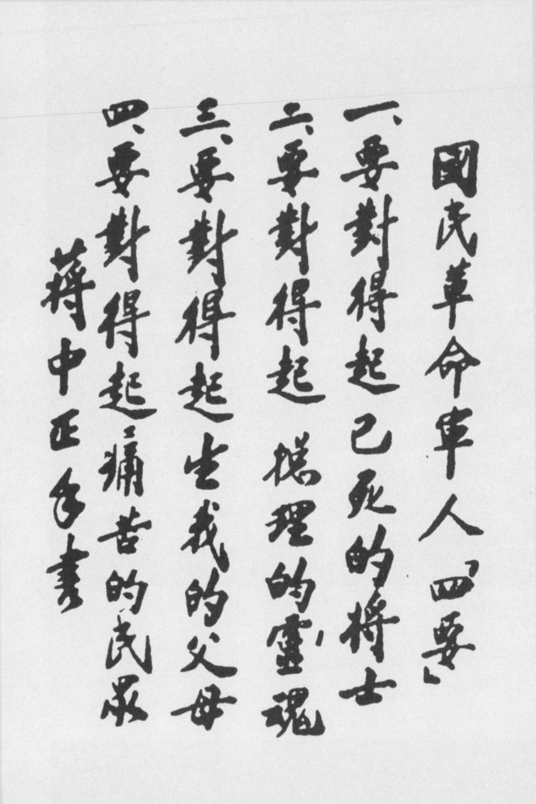

國民革命軍人「四要」

一、要對得起已死的將士

二、要對得起總理的靈魂

三、要對得起生我的父母

四、要對得起痛苦的民眾

蔣中正手書

北伐时期蒋介石手书的革命军人“四要”

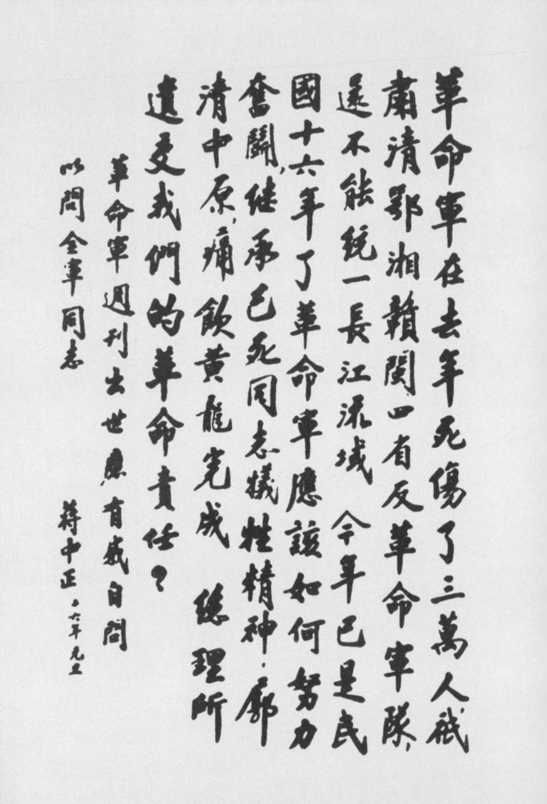

革命軍在去年死傷了三萬人戡肅清鄂湘贛閩四省反革命軍隊，遂不能統一長江流域。今年已是民國十六年了，革命軍應該如何努力奮鬭，繼承已死同志犧牲精神，廓清中原，痛飲黃龍，完成 總理所遺交我們的革命責任？

革命軍週刊出世，願貢獻自問以問全軍同志

蔣中正 十六年元旦

蒋介石为《革命军周刊》题词

第二集团军总司令冯玉祥。这位将军在 1924 年发动“北京政变”后，所部改为国民革命军，后为直奉联军所败，下野赴苏联考察，所部退往西北。1926年7月，国民政府任命其为国民联军总司令，次年入陕，任第二军总司令，领部出潼关，参加北伐。是北伐功成的关键人物。

蒋介石任职后，策划北伐方略，分三路进军。当时北方存在三大军阀势力，总兵力约七十万。蒋在策略上采取各个击破的方针，提出“打倒吴佩孚，妥协孙传芳，放弃张作霖”的口号，并借助地方实力派冯玉祥、阎锡山的力量，完成北伐。国民军先以四、七、八军消灭两湖吴佩孚主力，10 月克武昌。以二、三、六、七军进攻江西，击败孙传芳五省联军。以第一军为主力进攻福建、浙江。出师 10 月，北伐军便从珠江流域推进到长江流域，席卷半个中国。图为北伐途中，蒋介石在小轮船上留影。

北伐枪声未尽，野心已然彰显的蒋介石同时开始下两手棋。1927 年 3 月 26 日，蒋介石密抵上海。4 月 12 日，国民党在东南各省市实行全面“清党”，对共产党进行全面“清剿”。这次“清党”在上海爆发了严重冲突与流血事件。图为大街上的 26 军士兵与工人的尸体。路边围观的群众表情木讷，蒋介石已公然走向了中共与先进分子的对立面，并沾染上了曾被其称作战友的共产党员们的鲜血。

宋美龄造像。这是她摄于上海寓所的标准像。此际的宋美龄以过人的聪明与西人的做派，在十里洋场上成为风云人物，同时也引起了当时的蒋介石的关注与暗恋。

1927年4月，蒋介石在“清党”的同时，暗地运作在南京另立中央，成立国民政府，与武汉国民党中央及政府相对抗，形成宁汉分裂局面。在蒋背后运作的南京国民政府，采取合议制推蒋介石，胡汉民、张静江、吴稚晖、李石曾、蔡元培等为国民政府委员会常务委员。

4月18日，国民政府定都南京，在原江苏省议会旧址举行成立典礼。身拥兵权的蒋介石则通电拥护国民政府定都南京，前排左起第一人的蒋介石面无表情，但实际上，他的表情已写在了这个新成立的南京政府的每个人的脸上。

照片上三个人中，有两位曾是旧上海声名显赫的人物，右边与中间的那位分别是青帮首领杜月笙、张啸林。其时两人与黄金荣并称上海三大亨。蒋介石在是次上海“清党”中，借助青帮的力量，向上海共产党人开刀。1927年4月，杜与张、黄、陈群等结义，组成中华共进会，参加四·一二“清党”。史家统计，至少有三分之一的共产党人系由青帮分子所杀。此后，杜、张被蒋介石委以总司令部少将参议等职，蒋介石借刀杀人，上海共产党人遭到重创。

小汤山温泉为南京郊区著名休养地。国民政府定都南京后，重要人物常在此开会或休息。1927 年 4 月，大局底定的蒋介石与司法部长王宠惠及胡汉民、外交部长伍朝枢等在这里会面。此三人之后均在蒋政府中身居要职，并数次在历史的重要关头留下印痕，如王宠惠，在开罗会议期间，所需的重要文件，均由其草拟。

此张合影仍是在汤山，看来在一个休养生息的好地方，聚会也是当时的时风之一。图为蒋与自己的诸位同好的合影。只是此时蒋有些形单影只，春风得意的蒋此时正在对上海的宋美龄“恋恋而终不能忘”，而陈洁如的命运并没有因蒋的政治势力强大而得到提升，相反，她的命运开始转折。

南京国民政府成立后，蒋拟定了三路北伐计划，令各军渡江北伐。武汉国民政府任命唐生智领军东征讨蒋，宁汉公开分裂。8 月初，蒋介石亲自督师，占领徐州郊区之云龙山、九里山，但遭到孙传芳部的反击，全军失利，退出徐州。孙传芳军南下，兵临长江，蒋介石被迫于 8 月 13 日下野，转赴奉化。不久胡汉民与桂系、汪系及西山会议派在南京成立了中央特别委员会，重新推选国民政府委员、军事委员会委员及组织政府机构 。图片上的这座云龙山竟成了蒋介石的命运转折之处。

蒋介石的下野，只为他提供了一个休养生息与重新安排生活的机会。他利用这几个月，办了一件影响了他与中国某一部分历史的大事，逼陈洁如出走，与宋美龄成婚。1927 年夏天 陈洁如在蒋逼迫下，由张静江两个女儿陪同赴美留学。此图为 9 月初，陈洁如一行乘“杰克逊总统”号海轮抵达檀香山时，在船上受到当地国民党人的欢迎，并接受记者的访问。海外并不知晓蒋总司令就要与这位侧室分开的消息。

9 月，陈洁如等到达檀香山时，当地国民党八十多人举行欢迎大会，横幅上写“中国国民党檀山忠实同志欢迎蒋夫人大会”。但 9 月 27 日，蒋介石在《申报》发表声明“民国十年原配毛氏与中正正式离婚，其他二氏（指姚治诚与陈洁如）本无婚约现已与中正脱离关系”。蒋的做法是为与宋美龄结婚扫除障碍。蒋介石的声明，在美洲国民党人中引起了混乱，而陈洁如亦隐居纽约，销声匿迹。

蒋与宋美龄之合影

1927 年 12 月 1 日，蒋介石与宋美龄在上海按照基督教礼仪，举行场面隆重的结婚典礼。新郎实岁 40，新娘 30。 当天，上海的《申报》刊登了两则启事，一是蒋宋联姻，一是蒋介石的离婚声明。声明称：“毛氏发妻，早经仳离，姚、陈二妾，本无契约。”这场 20 世纪第一场也是绝无仅有的世纪婚礼，它联系起金钱、政治与权力，只是起初并无爱情。

蒋宋联姻之后，全家人又凑在一起拍了一张合影照。中国最大的钱权家族就此诞生。蒋介石的身边就是那位在中国财经史上留下声名的孔祥熙。第四次做新郎的蒋介石在成功娶得这位先总理夫人妹妹后，立即开始运作进行复职活动。

1928 年 1 月，下野不久的蒋介石重回南京政府“主持大计”，由谭延闿、丁惟汾、陈果夫等人接收了由胡汉民等掌握的南京中央特别委员会。蒋介石恢复国民革命军总司令一职，并负责召开第二届中央执行委员会第四次全体会议。2 月 2 日至 7 日，国民党第二届四中全会在南京召开，推蒋、谭、于右任为主席团，决议通过集中革命势力限期完成北伐案等。照片上蒋着军装，站在张静江身后，面无表情。但人人都感到了其身上的杀机。

1928 年 3 月，蒋介石就任总司令兼第一集团军总司令。4 月，蒋介石渡江督师北伐，并于徐州行辕通令第二、第三集团军准备总攻。图为蒋介石携卫队在徐州黄河故道边，勘察地形。

1927年5月，冯玉祥在西安就任第二集团军总司令后连克洛阳、郑州，被中政会任命为军事委员会委员。蒋介石复出后，冯玉祥兼任开封政治分会主席，所部沿京汉路北上。

1928年5月，蒋介石领第一集团军沿津浦路进攻，光复济南，陈调元、刘峙、顾祝同等部入城，方振武为卫戍司令，蒋介石亦入城。日本内阁以护侨为名，大举进兵。两军处于对峙中。3日，第四十军三师七团遭日军突袭，全团千人遭俘。蒋介石闻讯后，严令各部停止还击，驻军全部撤退，并派外交部长黄郛与日军第六师团团长交涉。日军将黄扣留18个小时，逼其承认冲突是由中方士兵引起。晚11时，日军不顾外交惯例，突入战地政务委员会交涉公署，我山东交涉员蔡公时等惨遭杀害。随后又猛攻济南，中国军队被迫退出济南，日军入城后任意杀害居民。整个惨案，中国军民死三千多人，伤一千多人。图为一部分未及退出之北伐军，为日军缴械拘捕。

1928年5月，国民革命军逼近北京，张作霖决定退出北京回归关外。行前，日本驻华公使芳泽仍一再相缠，逼他履行“日张密约”。2日，芳泽又去中南海求见张，张拒不接见，表示“我不能出卖东北，以免后代骂我是卖国贼，我什么都不怕，我这个臭皮囊早就不打算要了”。芳泽闻言，恨恨离去。同日，张通电退出京师，3日晚，专车离京，至4日凌晨，专车抵奉天附近皇姑屯，遭日本关东军方面的河本大作派人下手，于过南满铁路桥时被炸，张的包车只剩下车轮和钢梁底盘。张被抬回大帅府后数小时死去。终年54岁。

国民政府4月兴师北伐后，各路大军齐头并进，攻势凌厉。很快，孙传芳宣布下野，所部向国民革命军投诚。5月4日，张作霖仓皇出京，途中遇刺身亡。8日，北伐军进占北京。7月3日，蒋介石、李宗仁、冯玉祥、阎锡山四巨头一齐入京，在北京碧云寺孙中山灵前，举行北伐完成祭告仪式。随后，四巨头在北京小汤山开会，商讨军事善后事宜。四人各怀心事，地盘分配不均而带来的矛盾反而加重。蒋为固其政权，提出统一军政，实施训政，并于8月份召开国民党二届五中全会，此次会议的目的是裁撤政治分会，即政治削藩，引起李宗仁、冯玉祥的反对。这幅图即为二届五中全会开幕式。蒋介石是这次会议权变后的大赢家。但从照片上来看，胜利者蒋介石的站位却有意放到了后排。

为免东北局势动荡，张作霖去世后数日内没有公布死讯。5月21日，张学良接任奉天督办后，张的死讯方公开，举国震撼。少帅张学良由是走上中国历史舞台的前台，开始他一生诡异奇特的人生角色与历史责任。

1928年7月，北伐完成，南北统一，蒋介石在北京招待北京新闻界，并回答新闻界提出的问题。

1928 年 7 月 6 日，国民党领袖在北京西山碧云寺孙中山陵寝安置处举行孙中山的祭祀典礼，以北伐完成告中山先生在天之灵。前排右至左为张作宝、陈调元、蒋介石、吴稚晖、阎锡山、马福祥、马死达、白崇禧。根据蒋介石机要秘书陈立夫事后回忆：“站在陵寝前，我们隔着玻璃棺，可以看见孙先生的遗容，他安然地睡着，就像活着时一样……记得当时，蒋先生一见到总理遗体就泣不成声，这是我第一次亲眼看见他哭泣。”

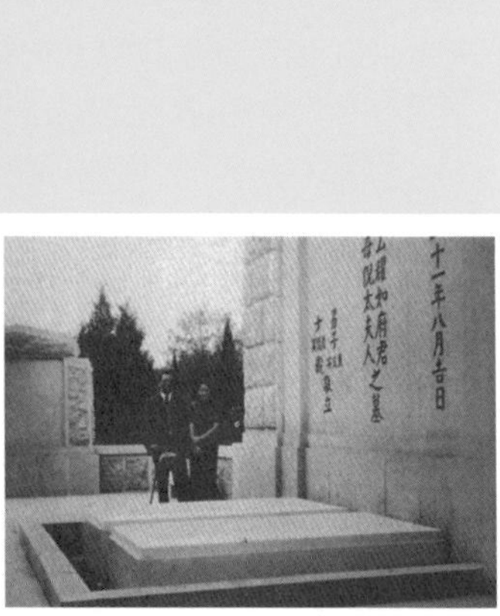

北伐胜利后，蒋介石经常往返于北京、南京间。1929 年夏天，蒋从北京回南京时，途经泰安，与随从登泰山合影。蒋身边站者为周佛海与戴笠。

照片上的这对夫妇为中国三大家族中重要人物宋子文夫妇。这位蒋先生的内兄，在政府中可谓举足轻重。他代表着宋氏家族在中国真正的开始升起。作为中国金融界重要的经济学家，宋子文是无可替代的人物。1928 年宋子文如愿出任南京政府财政部长、国民政府委员。他被在 20 世纪 30 年代一直对蒋氏家族示好的美国著名《时代》周刊创始人鲁斯称为“是惟一一位使中国实现预算平衡的财政部长，也是惟一一位曾经威慑骄奢淫逸的中国军阀们的财政部长”。以此为骄傲的宋子文在接到这个任命后，回到上海与其妻参谒其父母墓地情景。

在 1929 年 1 月的编遣会议上，蒋介石“裁人不裁己”强干削枝的做法，激化了与地方实力派之间的矛盾。是年 3 月，中央政治委员会令各政治分会至 3 月 15 日裁撤。15 日，国民党第三次全国代表大会通过训政纲领，修改了党章，决定开除李宗仁、白崇禧、李济深等人党籍。26 日发布讨伐令，命中央军刘峙等部向武汉方向进行军事行动，蒋桂战争爆发。蒋亲赴九江，督师讨桂，不到两个月，蒋桂战争结束。第四集团军瓦解。图为是次会议合影。蒋利用中常会，来达其目的，使其出师有名，并屡次得尝胜果。

北伐成功后，各军总司令仍拥兵自重，各据地盘，俨然新军阀。蒋为扩充中央军势力，削弱各地方军阀兵权，策划在南京召开国民革命军编遣会议。这次会议上，各军阀间互不相让，最后方案以损失冯玉祥实力，蒋成为最大的胜利者的局面告终。冯玉祥对此甚为生气，称病拒再与会，只派代表参加。这张合影，如同各方首脑所掌地盘。从座次与神态中，似已毕现，是次会议最终以各集团军总司令均反对不利于己的军事编遣，会议没有什么结果，反而激化了蒋介石与地方实力派的矛盾而告终。

1929 年 5 月，蒋与冯玉祥的矛盾日趋激烈，冯至太原与阎锡山商讨讨蒋。6 月，蒋亲自去北京，即派赵戴文、孔祥熙等人带他的亲笔信去太原，委阎为全国陆海空军副总司令，共同对付冯玉祥，阎回山西后即将冯玉祥软禁。图为 1929 年 6 月，蒋在北京与孔祥熙、宋霭龄及其女，并赵戴文诸人合影。

中原大战后，陕西省主席杨虎城与新编第一军军长邓宝珊合影。杨在此后，即将浮出中国历史。

1930年春，阎锡山在太原与蒋展开电报战。阎批蒋武力统一的做法，将使国民党内人人自危，望蒋“礼让为国”。此电报战前后二十多天，最后以蒋警告阎临崖勒马，阎则复电彼此见解不同，只好各行其是结束。4月，阎就任反蒋的中华民国军总司令，冯玉祥、李宗仁、张学良为副总司令，中原大战一触即发。战局伊始，对蒋不利，在失去优势之后，蒋在苦撑待变中等来张学良的援手。中原开战以来，张学良一直居间观望，判明中原胜负局之后的张少帅终于在9月18日发出和平通电。此后关东军大举入关，局势很快扭转。10月15日，阎冯通电下野，大战结束。此次大战双方动用百万大军，伤亡40万兵员，历时7个月，对国家与民众造成巨大伤害。图为阎锡山发布的中华民国陆海空军总司令标准像 。

1930年8月，阎锡山、冯玉祥联合汪精卫改组派、西山会议派在北京召开国民党中央党部扩大会议，另立国民政府，推阎锡山为主席，汪精卫、冯玉祥、李宗仁为委员，与蒋介石所领导的南京政府对抗。此图为这段时间北京各地出现的反蒋讨蒋标语。

第四章 蒋孔宋家族纵横中国政坛 三度下野真相 攘外必先安内

成为宋美龄教友、张学良义兄；三度下野后再出山，进入“蒋委员长”时代

在中原大战后，蒋介石已经取得名副其实的军事强人身份，坐拥各项来自财阀的经济支持与优惠，不过他并不以此为满足，他的幕僚更打算借舆论压力，通过制定训政约法，让蒋介石当选总统，进一步独揽大权。但是蒋介石的大动作，却立即受到国民党元老胡汉民的坚决反对，刚刚一统天下的蒋介石，为了贯彻选上总统的意志，这一次也吃了秤砣铁了心，一不做二不休，擅自把胡汉民软禁在汤山，来个不见为净。

但是蒋介石的做法激起了强烈反弹。虽然蒋介石辩称胡汉民“越法失言”，必须有所处置，但在舆论批评、广州方面高度不满的情绪下，汪精卫再度流亡到广州，串联孙科、陈济棠、李宗仁发动粤军力挺胡汉民，要求蒋介石下野，立刻释放胡汉民，并宣布成立国民党中执会特别会议，成立广州国民政

府，以“剿共”讨蒋为号召，于1931年7月出兵，再度造成宁广分裂，内战情势一触即发。

只是恰逢九一八事变发生，张学良在国民政府“现非作战之时”的不抵抗政策下，退出东北，让东北在百日之内沦入日军手中，引发国人高度悲愤，连带带给广宁双方极大的压力，终于在民意催促下决定谋求合作。

蒋介石为求化解民愤，迅速决定释放胡汉民，并与胡、汪在上海见面，但是受迫于学运、工运、清议人士以及军方要求立即抗日的压力，蒋介石无法不作响应，经多次谈判后，他终于在1931年12月15日第四度宣布辞职下野，交出政权、党权、军权，国民政府迅速改选林森为主席，改采内阁制政府，由汪精卫担任行政院长，但由于不满蒋介石未遭到实质处分，广州国民政府虽然自行取消通令，但仍设中央执行委员会西南执行部，仍维持半独立的状态。

蒋介石从软禁胡汉民、被迫下野，到重新出山出任全国军事委员会委员长，权位还是不动如山，但在九一八事变后，日军态度蛮横，国民政府迟不动作，早引起国人不满，当时担任北平绥靖公署主任的张学良更是首当其冲，因此汪精卫甚至以辞去行政院长职务，迫使张学良同样辞职下野谢罪。

虽然当时国内外压力纷呈，蒋介石依旧不改“剿共”主张，并立刻展开军事部署防堵红军扎根。因此蒋介石先自任西北“剿匪”军总司令，并调张学良担任副总司令，企图坐山观虎斗，让东北军、西北军与红军直接对战。

但没想到就在1936年12月12日，担负“剿共”任务的将领张学良及杨虎城，于西安扣押了蒋介石，爆发西安事变，酿生了中国现代史上最重要的转折点。张学良于当天致电宋美龄，强调兵谏只是为了敦促蒋介石反省，全力抗日、容纳各党各派，停止内战。

西安事变的发生让国民政府方寸大乱，主战、主和意见相持不下，何应钦、戴传贤等人主张出兵攻打张学良，陈立夫、陈果夫等人则主张尽速谋和；宋美龄认定是中共唆使事变发生，因此除了联系宋子文协助外，还火速委托行政院长孔祥熙出面与苏联代表联系，希望苏联介入放人。

12月22日，宋美龄在西安见到被软禁的蒋介石。宋美龄的到来，让蒋介石的情绪大为缓和，并且同意宋美龄、宋子文与张学良等人展开正式协商，在宋美龄居中穿梭下，双方终于达成停止内战、一致抗日的共识。中共方面对和平解决、全力抗日的结果表示愿意接受，并表示愿居中折冲将仍在苏联的蒋经国释放回国。

经过与宋家兄妹协商后，张学良于12月25日，在未与杨虎城、周恩来商量的情况下，片面决定正式释放蒋介石返回南京，并决定陪同蒋介石亲赴南京，以请罪之身推动国内政党和解、全面抗战。

张学良随即遭到扣留，并遭判有期徒刑10年，褫夺公权5年；虽然蒋介石对外强调将予以特赦，却仍以军事委员会管束的方式，软禁张学良长达半个世纪。

情势危急，国民党联共抗日，“委员长”更职“大元帅”，正式成为党总裁

1937年1月，从西安事变归来的蒋介石终于取消西北“剿匪”总司令部，虽然仍禁止宣传共产主义，但同时也以释放政治犯与进行谈判的方式表现善意；中共也于1937年4月发表告全党同志书，说明当前的任务是巩固国内和平、实现对日抗战。不过在台面下，双方的紧张关系仍在。

抗日统一战线已然成为全民共识，国共合作自然成为不可避免的一项重要工程。1937年5月，蒋介石与汪精卫举行庐山会议，并邀周恩来与会。会上，蒋介石力主设置国民革命同盟会，作为国共合作的基础，甚至提出毛泽东与朱德出洋的要求。不过最后因为七七事变发生，许多细节并未谈妥与落实。

1937年7月7日，日军在入侵丰台车站后，又攻袭卢沟桥，对华北展开包围战，中国守军出兵抵抗，展开了8年抗战。蒋介石于7月9号在庐山接获电报，命宋哲元就地抵抗，毛泽东与朱德则致电蒋介石建立统一战线抗日救国。

7月29日，日军急攻北京、天津，周边区域迅速沦陷，蒋介石眼看抗战情势已无法避免，因此在庐山召开谈话会，并于8月发布国共合作宣言，宣布全面抗战、共赴国难，并将红军改编为中国革命军第八路军，国民政府同时决定设置国防最高会议，推举蒋介石为海陆空军总司令，并改蒋介石委员长职务为大元帅，国民党也在后续的党务改革案中，将蒋介石的职衔正名为“总裁”。

1937年8月13日，日军与国民政府军队决战于上海，在装备劣势下，国民政府军秩序大乱，阵线节节败退，正规军死伤近半，南京紧接失守。日军进城后，随即发动造成中国平民死伤数十万人的南京大屠杀。

蒋介石当时已将重心移往武汉，有赖桂系的李宗仁在台儿庄围剿日军获胜，暂时堵住日军沿江而上的攻势。不过蒋介石的军队为了力阻日军自郑州西进，掘开郑州北方花园口黄河大堤，希望拉扯日军锐势。这一举动让蒋面临各种抨击。1938年12月底，对日陷入苦战中，担任国民党副总裁的汪精卫自昆明飞往河内，以形同叛国的方式出走，并发出“艳电”要求中日媾和，引发举国震惊，蒋介石除给予口诛笔伐外，并开除汪精卫一切党职、公职。

几乎被逼到绝境的蒋介石与国民政府，为了提振国民士气，宣示坚持抗日到底，并继

续采取诱敌深入的方式应变，在重点区域部署军力以保卫四川。日军则不希望把战线拉得太长，加上动员兵力有限，只能采取密集重点轰炸、逐步蚕食的方式对付国民政府，并加强沦陷区的政治作战与统领工作。

“珍珠港事变”迫美加入抗日队列，宋美龄“夫人外交”风头甚健，蒋介石由亲日改为亲美

1941年珍珠港事变发生，让中国独立抗日的窘境为之一变，世界大战的格局让美国成为中国最重要盟友。与美方关系密切的孔宋家族，由于掌控国民政府的财政命脉，以及对美沟通联络管道，重要性也达到历史的顶点。

在国民政府方面，蒋介石执掌大权的情势不变，除孔祥熙持续掌管国府财政大权外，宋子文于1940年飞往美国后，也展开一波波的游说工作，并成立中国防务补给公司，推动许多美援经费与物资通过特定管道进入中国。此外，在宋子文与宋美龄的奔走下，美方提供了飞机等新式装备，并成立“飞虎队”协助中国抗日。蒋介石此后不断用美方“军火租借法案”的优惠，在很长的一段时间中，获得一笔笔军援，借此建立了空中优势。

但是美方在提供各项巨额贷款与援助之际，也派出新的参谋指挥官安置在蒋介石身旁，企图主导决策。其间，蒋介石与美籍将领不断产生严重摩擦。美军首任中国战区参谋长史迪威就不止一次与蒋介石当面起冲突，二人关于动用战备物资的歧见与主导权之争，甚至史迪威一度打算启用八路军收复缅北，都让蒋介石无法忍受，多次表示希望罗斯福撤换史迪威。

1943年2月宋美龄赴美的访问，也展开了她人生中最辉煌的一段旅程，由罗斯福政府与多位美方友人安排，宋美龄以英语在美国参众两院进行两场演说，使她成为美国历史中，继英国女王之后，第二位在国会殿堂演讲的女性，不断成为各报头条人物，表达出中国亟需美国支持打赢对日战争的愿望。

在罗斯福政府的推波助澜下，1943年11月18日，就任国民政府主席一个多月的蒋介石偕同宋美龄飞往埃及首都开罗出席各国元首高峰会议——“开罗会议”，讨论全球战略及战后对日本处置，会中不但奠立了中国国际四强角色，更依据宣言收回中国对台湾、东北的主权。事实上，在开罗会议参与者名单上，除了美国总统罗斯福和英国首相丘吉尔外，中国却同时有蒋介石和宋美龄两名代表。

蒋介石在办公室内手书军令

FIFTEEN CENTS
October 26, 1931
TIME
The Weekly Newsmagazine
International
PRESIDENT OF CHINA & WIFE
He threatened to Whampoa Japan.
Volume XVIII
Number 17

1931年2月28日，国民党元老胡汉民在与蒋介石因为约法问题在夜间发生激烈争吵后被蒋软禁。胡与蒋争吵的焦点是，蒋主张召开国民会议，制定《训政时期约法》，选举拥有管辖五院大权的总统，而胡却只同意召开国民大会，坚决反对蒋做总统的约法。蒋集党政军大权于一身的做法，一直遭到胡汉民的批评和抵制，蒋为此把胡视为心腹大患。蒋以宴请为名，将胡骗到汤山俱乐部，将其软禁。在没有胡汉民的国民党3月2日召开的中常会上，蒋介石提出的制定《约法》的议案被通过。

蒋介石拘捕胡汉民，使蒋胡矛盾演变成广东与南京方面的矛盾，5月，汪精卫在广州召开非常会议反蒋，通电蒋介石下野。“九一八事变”后，宁方电邀粤沪两个国民党四全大会选出的中委来南京开一中全会，广东方面坚持蒋必须下野，最后经谈判，在各方压力下，蒋再次以退为进。第二次下野，胡汉民、李济深等恢复自由。其后，四届一中全会推胡汉民等人组成中常会，推林森为国民政府主席，大获全胜的孙科、胡汉民、汪精卫三位反蒋派人士在上海合影。

1931年的《时代》周刊将蒋夫妇像用上了封面。这对风云夫妻被描述为“中国新兴的政治势力，以及未来中国重要人物”。

1931年冬，蒋介石与监察院长于右任等合影。12月15日，蒋介石即宣布第二次下野。

“九一八事变”时，蒋介石正乘舰自南京赴江西“剿共”。据现存于南京的第二历史档案馆资料中蒋介石未刊印日记披露：“昨晚倭寇无故攻击我沈阳兵工厂，并占领我营房，是其欲乘粤逆叛变，内部分裂之机会，据有我东三省矣。内乱不止，叛逆毫无悔祸之心，国民无爱国之心，社会无组织，政府不健全，如此民族，以情理而论，决无能存立于今日世界之道，而况天灾匪祸，相逼而来，速我危亡乎。余所恃者，惟此一片血诚，明知危亡之即，亦惟有鞠躬尽瘁，死而后已。”此后日记又云“闻沈阳、长春、营口被倭强占后，心神不宁，如丧考妣，苟为吾祖宗之子孙，则不收回东北，永无人格”之类。

蒋介石的日记尽显其对日政策的失略，同时受到普遍责难。

21日，蒋介石回到南京。22日，南京市国民党员举行抗日救国大会，蒋发表演说，声称“国存与存 国亡与亡”。据杨天石先生在著作中分析，认为“蒋似乎痛愤于日本侵略，但却下不了抗战决心”。一语道破蒋在抗日之初与之中的犹疑不定，包括其后发生“西安事变”等事件的前因与后果。

蒋介石会见请愿的学生。照片上的他木然沉郁，似在倾听又似在解释，这是这位军事强人少见的与他讨厌的学生运动者们的现场会见场面，但这样的蜜月期仅只是因为抗战烽火的燃眉。“九一八事变”后，各地请愿学生纷集首都南京，表达抗战决心。学生运动，本是件好事，蒋却备觉困扰。9月24日，上海学生到南京请愿，蒋在日记中即有“上海学生狂激”之语。29日，蒋介石接见第二批进京请愿学生5000人，训话一小时余，蒋称“本席亦抱定与国民共同生死之决心”。又称“请愿分散政府精力”，要求学生返校读书，“如愿从军，可编入义勇队”云云。当日，学生大批返沪，这使蒋介石略感安慰，日记云“青年爱国，知守法纪，岂非一最好现象。”其后，蒋介石数次接见各地请愿学生 表示抗战决心，但由于不见实际行动，学生们对南京政府与蒋介石的态度日趋激烈。蒋介石下令镇压，但引起学生反对，数次在南京与军警爆发冲突，但蒋此时还坚持接见学生。12日，接见济南学生代表三千多人，在露天立谈两小时。蒋日记称，几受侮辱。据考据者杨天石先生分析，蒋只看到学生运动的过激一面，走入误区，而其认为学生运动全为反动派操纵等语，则说明蒋并没有抓住学生运动的关键。

1932年1月，孙科内阁维持一月后宣告辞职。蒋介石重回中枢，自任军事委员会委员长兼军事参谋部参谋长，由汪精卫任行政院长形成由蒋主军、汪主政、蒋汪共管党的局面。图为蒋、汪、黄郛合影。

战事仍急之时，蒋却抛出自己的“攘外必先安内”政策，对日本侵略采取妥协政策，对主张抗战的中共军队加紧围攻。1932年，蒋在武汉成立豫鄂皖“剿匪”总部，蒋自任“剿总”司令。7月，蒋在庐山举办军官训练团，蒋自兼团长。除了“剿共”外，其训练要旨“绝对信仰统帅和绝对服从命令”。借以统治军队，思想为蒋家天下。图为蒋检阅训练团学员与党政人员 。

蒋介石的行伍作风与迷信军事力量的做派，是他与其他各地军阀的重要区别。

战争迫在眉睫，虎视中国的日军又于1月28日在上海以保护日侨为名，向驻守上海的十九路军发起进攻。十九路军奋力抵抗，激战四日后退出，并被调往福建“剿共”。图为中国炮兵还击情景。

蒋氏喜欢在每到一地视察时，与其官兵合影，以示亲善威仪。

1933年，蒋介石气势汹汹，校阅部队讨伐“闽变”。当时蒋介石发动大规模“剿共”，却惊闻福建的十九路军“叛变”“闽变”爆发，蒋介石震怒，不得不改变军事部署，乃将“剿共”部队抽调一部分主力，由江西、浙江向福建进兵。十九路军不但“叛变”，领导人蒋光鼐、蔡廷锴、李济深、陈铭枢等更称号立国，成立中华共和国人民革命政府，制定新国旗，废除南京国民政府年号，改用西历，定1933年为中华共和国元年，公推李济深为主席，两个月之后，“闽变”被蒋介石平定。

1933年5月，蒋介石与西路军总司令何键一同视察何部官兵。蒋幻想快速解决苏区红军问题。期间亲自策划四次“围剿”，但都未能达愿。红军取得了数次反“围剿”胜利。这次蒋来到何部，仍是为策划第五次“围剿”而进行事前准备。

1934年，黄埔军校十周年纪念，此际更名为中央军校，蒋介石自然要借此大肆庆祝，以彰功勋。图为在检阅台上的蒋与汪精卫、孙科、罗家伦等。

1935年5月，红军抢渡金沙江，围攻会理。蒋介石偕陈布雷经贵阳到昆明督师，布置在大渡河一线围攻红军。据此际的《时代》周刊报道蒋的这次活动称，在最近一次追击中屠杀7000名共产党员后，蒋介石在其贵阳指挥所正面迎战中国苏维埃武装的反击。在新闻发布中，委员长告诉大家，“毛泽东同志”现在没有固定的总部或住所，只能随着他的中国苏维埃政府在各省间“流窜”。此外，据说“中国的列宁”病得很重，只能用担架抬着。但被称为“最后的流寇”的中央红军却神奇般地飞夺泸定桥，从而确保全军免遭“石达开第二的命运”。蒋介石将红军歼于大渡河的计划破灭。图为蒋在此之前与昆明方面将领合影。

1935年12月2日，国民党第五届中央执委会第一次全体会议代表谒中山陵，蒋介石、孙科、冯玉祥等老对手重又站到了一起。

中共中央红军抵达延安后，蒋介石开始调集西北各方力量“围剿”中央红军。1935年，蒋成立所谓的“三省剿匪指挥部”，他亲赴宁夏，在总指挥马鸿宾就职典礼时阅兵。照片上的蒋杀气腾腾。当时的媒体评价其“深隐而凶”。

蒋介石巡视西北，对军事干部点名训话后席地会餐。蒋介石1936年10月22日再赴西北，对张学良、杨虎城部进行全面督战。刚在洛阳度过50岁生日的蒋介石，似乎仍难以从荣誉中拔除，包括外交代表，德国元首希特勒以及交战国首相广田都发来了热情的贺电。全国各地悬旗致敬，南京隆重的献机典礼上数万人的声望与权威的展示，使这位蒋总司令的自信心爆棚。在日军仍在大举进犯的同时，他心里的“第一敌人”却仍是长征万里避居陕北窑洞中的红军。他对张学良这支从抗战前线撤出的东北军与杨虎城的西北军抗日已极度不满，指责张、杨“剿共”不力。蒋在26日向军官训练团训话，警告“不积极剿共而轻言抗日，便是是非不明，前后倒置。”蒋与张、杨之间，已经到了极度紧张的地步。

西北军统帅杨虎城将军因发动“西安事变”而交出权柄远赴海外考察。图为抗战爆发后，他从欧洲归来，但他并没有能够如愿走向抗日的战场，而是很快被国民党政府当局幽禁于牢房。1949年在重庆被害。

蒋张合照

图片上的总司令与副总司令表情异然。蒋面目瘦削，耳朵因为摄影角度的问题，显得硕大。他的表情有点怪异。张学良则低眉垂首，内心则早已波涛翻腾。从形式上，张对于蒋的尊重与表现带着中国古代君臣的礼范。张学良一直在内心的负罪中挣扎，“九一八事变”中，他开始背负自己备受埋怨的一生。张学良没有把拱手相让东三省全推到蒋介石的一纸命令上。当时各界对张学良一片喊杀声，他出去不是碰到游行就是遇到攻击。爱国地下组织声言要暗杀他，国民党马君武的《哀沈阳》把张伤得不轻。张学良羞愧难当，一边是领袖，一边是家仇国恨和人民怨怒，少帅几近崩溃。一项纪录说，事变前张学良的机要秘书劝他说：“我觉得共产党不过是癣痂之疾，日本对我们的侵略才是百年大患呢！副司令应当劝蒋先生放下枪杆，同陕北合作。”

张学良听了，说：“我的职务是剿匪副司令，你要我去和匪合作，不是太混蛋了吗？”秘书说：“你才混蛋呢！放着国难家仇不报，一天到晚地替人家做走狗打内战，你凭什么资格骂我混蛋呢？”

张学良是有度量的人，说：“你说得对，我们两个都是混蛋。”“西安事变”的原因，简单地说，就是张学良主张抗日，为雪自己和家国之羞愧。这张图片正是张的心情之最好写照。一天之后，12月12日，蒋介石被张、杨扣押。

1936年12月，张学良与杨虎城实行中国军人中的最严厉的手法——兵谏，扣留了在西安临潼华清池的蒋介石，以逼其抗日。1936年的《时代》周刊详细记述了这次事件，只是西方人的视角很有意思。他们称“老练的记者们用了这样一个词来形容委员长兼行政院长绑架案——不可思议”。从任何西方视角来看，“不可思议”的是东亚地区最有权势的人物竟为暴力所俘，46名卫兵悉数被杀；事变中他本人假牙丢失，在被“曾吸毒成病”的少帅张学良囚禁的13天里，大部分时间都在诵读《圣经》；最后，他又突返南京，宣称惨遭绑架在部分程度上是咎由自取；而绑架者之所以把他放走，部分原因在于他们读了他1936年大约五万字的个人日记后，深受感动！而在东方人看来，这一切没有什么不可思议，不过是中国人在“保全面子”。

这起无可争议的事实首先是：被绑架的委员长兼行政院长的夫人毅然离宁，飞赴绑架者的大本营——西安。与之同行的还有时任中国银行董事长的兄长宋子文、神秘莫测的澳大利亚“顾问”威廉·H·端纳——他在不同时期曾跟随绑架者张学良和被绑架者蒋介石多年。他们在西安下了飞机，当时浓雾笼罩，夜色朦胧，机场上众多士兵举起了数百个火把。机场上的士兵隶属名气稍逊的杨虎城将军。

概言之，绑架者张学良的数百人部队围困着被绑架者蒋介石，外围是杨将军的数千人部队——他们也可被视作是操控了绑架案；再往外则是绑架者张学良的数千人主力部队以及火速赶来的南京政府国民革命军，同时南京政府的美式轰炸机也在空中虎视眈眈。

心急如焚的蒋夫人直奔沦为囚徒的丈夫，她用小包带来了一套新假牙——丈夫安上假牙后会舒适些。在中国人尽皆知的下一步就是，蒋委员长、蒋夫人和银行家宋子文共同向南京政府发出最为明确的命令，要求军政部长何应钦将军率领下的“讨逆”军不得再向西安逼近——“讨逆”军接到命令后立即按兵不动。

无疑，赎救中国行政院长的数百万现金是在西安达成的协议中敲定的，而且想来这是宋子文尽可能以非政府的方式操办而成。毕竟，他所努力营救的是自己的妹夫，况且宋氏家族的富有在中国乃是首屈一指。协议既已达成，所有到场的达官显贵都飞赴洛阳——显然，张学良似乎完成了自己的心愿，促使蒋领导中国对日作战。

在洛阳，保全面子的好戏粉墨登场。可以说，绑架案中的蒋、张二人很难臂挽臂地同机赴宁，亦不宜身着华艳军服抵宁。蒋换上便装，先行一步；两个小时后，少帅穿着廉价的中国棉纺长袍，满心悔意地尾随而至。迎接蒋的有年迈的傀儡主席林森以及欢呼雀跃的20万南京市民。绑架者悄悄地驱车驶过后街，作为赎救者宋子文的座上宾安顿下来——真是“不可思议”！

然后，有关各方开始对外公布长篇大论——但显然是为妥善处理中国空前的重大绑架案而编造出来的。潇洒、机敏、胸怀大义的绑架者张学良宣称：“学良生性鲁莽粗野，而

造成此次违犯纪律不敬事件之大恶。兹腼颜随节来宁……凡有利于吾国者，学良万死不辞，请钧座不必念及私情有所顾虑也……”

被绑架者蒋介石则宣称：“此次‘西安事变’，皆由中正率导无方，督察不周之过，业经呈请钧府准予免去本兼各职以明责任，定蒙钧察……如中正怀有任何私欲或做出任何危害国人福祉之行为，则人人皆可视余为叛逆，甚至罚以枪决……若中正所言所行缺乏诚意，若中正怠于同志之革命理想，则手下将士皆可视余为敌，甚至罚以枪决……学良君已早日纠余之错（绑架），危机未得迟滞，中正深信国民政府会宽宥处理……如中正在西安之时对君作任何承诺抑或签署任何文件，皆无异于中国民族之灾难……”

据认为，少帅可能携带巨资出国一段时间，并可能最终统率委员长手下的另一支中国军队。中国各地，人们对危机和平解决欣喜若狂，连不折不扣的戒酒人士、“基督将军”冯玉祥也宣称，这是一个举国欢庆的时刻，“本人要痛饮一瓶，以贺委员长获释”。

图为临潼华清池，这个当年杨贵妃洗澡之地，成为蒋氏一生中难以洗清的重要经历。这里记录着蒋当年被抓时的所有痕迹。张学良与杨虎城凌晨扣留了蒋介石后，随即通电全国：“……蒋委员长介公受群小包围弃绝民众，误国咎深……学良等多年袍泽，不忍坐视，因对介公作最后之诤谏，保其平安，促其反省。”

蒋介石与西安事变中的随行人员合影。

敬之吾兄：闻今日空军在渭南轰炸，望即停止。以近情观察，中于本星期六前可以回京，故星期六日以前万不可冲突，并即停止轰炸为要。顺颂
戎祉
中正手启 十七日

蒋介石致何应钦的关于暂停轰炸的信函。

西安事变结束后，蒋介石离开西安，由宋美龄陪同到武康山休养压惊。这对夫妻在这次变故中，找到了新的情感。

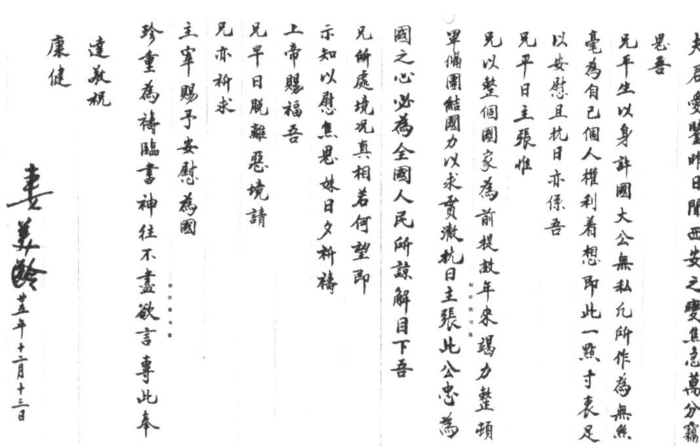

夫君愛鑒昨日聞西安之變焦急萬分竊
思吾
兄平生以身許國大公無私凡所作為無絲
毫為自己個人權利着想即此一點寸衷足
以安慰且抗日亦係吾
兄平日主張惟
兄以整個國家為前提數年來竭力整頓
軍備團結國力以求貫徹抗日主張此公忠為
國之心必為全國人民所諒解目下吾
兄所處境況真相若何望即
示知以慰焦思妹日夕祈禱
上帝賜福吾
兄早日脫離惡境請
兄亦祈求
主宰賜予安慰為國
珍重為禱臨書神往不盡欲言專此奉
達敬祝
康健
妻美齡 廿五年十二月十三日

西安事变时，宋美龄致蒋介石的信，关怀之情溢于言表。据载，当宋美龄踏入蒋被囚之地看到蒋时，泪如泉涌，这对夫妻似乎此时于患难中见到了真情。

九一八事变之后，日本侵华野心渐长。1935年，日提出“华北特殊化”要求，试图吞并华北，未果。至1936年底，北京及天津周围均处在日军势力之下，而位于平汉线上的卢沟桥则为北京通往华中的重要咽喉。1937年6月，东京已盛传：“七夕的晚上，华北将重演柳条沟一样的事件。”7月7日晚，日军在卢沟桥附近举行夜间演习，借口有一士兵失踪，要求进入宛平县搜查，为守城部队拒绝。日军遂攻城，守军亦以还击，即为七七卢沟桥事变。1937年7月7日，日本华北驻屯军河边旅团包围宛平县城，次晨5时突然攻城，并进攻卢沟桥。驻守卢沟桥一带的第二十九军冯治师吉星文团奋起抵抗。次日下午，宛平县长王冷齐召开新闻发布会，说明事变真相。日军即占领京津地区，国民政府只得命令部队抵抗，中国抗日战争从此全面展开。

七七事变后，7月17日蒋介石在庐山发表准备抗战讲话，说："如果战端一开，那就是地无分南北，人无分老幼，无论何人，皆有守土抗战之责，皆抱定牺牲一切之决心。我们只有牺牲到底，抗战到底，惟有牺牲的决心，才能博得最后的胜利……"蒋身边的石柱上书着"养天地正气、成古今完人"10个大字，与会场气氛相互感染。

此次庐山讲话，国民政府已全力部署各战区作战任务，蒋介石在此次会议上，为便于指挥，将全国划为若干个战区，同时明确不同地域的任务。图为蒋介石在庐山发表讲话时，指着军事地图说明战略部署。

有别于官方照片中高高在上的姿态，蒋介石面容哀恸。1937年，在朱培德的葬礼上，蒋介石对这位于北伐、“剿共”期间尽心尽力的老将感伤不已。

手执军刀，神采焕发，蒋介石位于权力的顶峰。孙中山逝世后，蒋介石挥师北伐，一方面完成孙中山遗志，一方面和汪精卫、胡汉民、李宗仁等势力展开权争。汪、胡在国民党内的辈分高过蒋介石，均是文人出身，李宗仁所领导的桂系军阀，在东征、北伐及后来的抗日战争中均贡献卓著，但长期以来一直是蒋介石明争暗斗的对手。中共在孙中山“联俄容共”的政策下，周恩来、林彪、陈赓等人均曾是黄埔军校的一员，与蒋介石“协力统一中国”的大业。但早视中共为敌的蒋，等北伐小胜，即向共产党人下手。

1937年8月，国防最高会议决议，由国民政府授权蒋介石为三军大元帅，统领全国陆海空军，以军事委员会为最高统帅部，1937年8月开始，蒋介石先后兼第一战区、第三战区、第五战区、第八战区、第四战区司令长官。图为蒋当选大元帅后的官式照片。蒋此时意气凝聚，手执军刀，胸佩青天白日勋章，权力与威望也在此时达到一个高端，这张照片后来被其赠予友人。

中原大战后，冯玉祥蛰居泰山。1933年5月，冯玉祥依靠中央抗日的想法破灭。于张家口举起抗日大旗，组织抗日同盟军，任总司令，独自抗日了。同盟军一度发展到十几万人，并连克康保、宝昌、沽源等地。6月20日，收复重镇多伦，全国为之振奋。但蒋一心要“攘外必先安内”，认为冯“妨害统一政令，引用共匪头目，煽动赤焰”，下令解除其一切职务，永远开除党籍等，冯旋去职。冯1935年11月至南京参加四届六中全会，在第五次国会代表大会上当选为中执委员、常务委员。12月，任国民政府军事委员会副委员长，研究者认为，蒋此举意在利用冯抗日将士的声名。

蒋介石与长子蒋经国、次子蒋纬国合影。这张照片是蒋经国1937年回国后，父子三人的合影照，蒋经国在回国后，洗去在苏联时的党派色彩，从头干起。在蒋介石的授意下，这位曾在苏联发表与父断绝关系的前共产党员，任江西省保安处副处长。据称，蒋起初对蒋经国亲情在前，但疑心在后，因庐山在江西境内，故让其就任江西省保安处副处长，重点负责蒋的安全，随后就任江西省第四行政督察专员兼保安司令、三青团中央干事会干事等职。而一旁的蒋纬国则肃立一边，心不在焉。自小受到蒋介石宠爱的蒋纬国，在这张照片上似乎与蒋十分相像，眉宇间同样凝聚着某种神似的东西，反倒蒋经国这位嫡出的儿子，与蒋介石相貌上有着挺大的差异。

军事委员会总参谋长何应钦

蒋与何是日本士官学校校友会同窗，又同在陈其美手下共事，但两人的合作，则始于黄埔军校。当时蒋任校长，何任总教官，在军校时，何办事认真，处事慎重，忠于职守。蒋多把要事交何处理，何应钦“深感介石的知遇之隆，秉坚贞不贰之志节，竭智尽志，驱驰效命，50余年如一日，未稍或渝”。

据书称，两人友谊见之于第一次东征的棉湖战役中。此役林虎部以十倍于蒋部之兵力，围攻蒋的指挥部。何领第一团拼死抵抗，蒋在危难中，对何流泪说：“你必须想法坚持，否则什么都完了。”何闻此言，也泪流满面，答曰：“既然非拼即死，那么我就去了。”遂挺身上阵，督队冲锋。这一天，遂成为蒋、何同生死共患难的纪念日。其后，蒋为谢其忠诚，一路提升何，其时于众军中拔其为总参谋长，可见蒋对其重视。

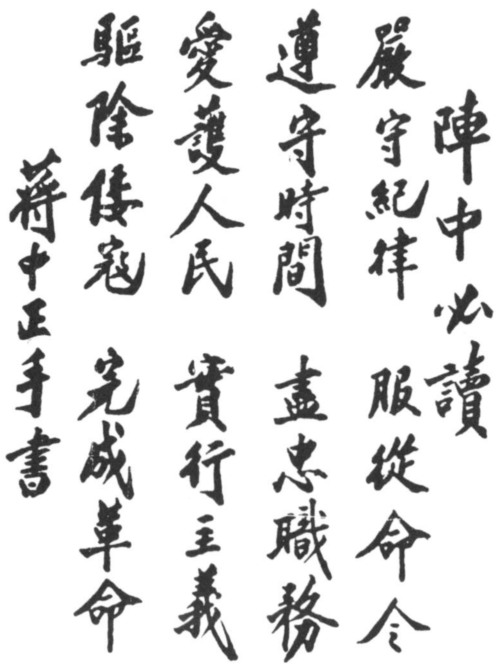

1938年抗日战争时期蒋介石为国民革命军将士书写的“阵中必读”。

抗战爆发后，国民政府将中日争议递交国联，试图争取各国同情与支持，并一度寄望德国驻华大使陶德曼居间调停。国民政府迁渝后，一面与美国、英国等加强联系，一面与印度合作，将中国的抗日战争与世界争取自由的大战融为一体。1937年4月，南京国民政府委任孔祥熙为庆贺英皇乔治六世加冕特使，孔一行于5月3日抵达伦敦。孔此行目的之一，即为了联络英美等国支持中国，抵制日本侵略。但此时英国正在执行张伯伦的“绥靖政策”，因此，孔的欧美之行并未达到预期目的。图为孔与英国首相张伯伦在宴会上的图景。

军事委员会副总参谋长白崇禧

抗战军兴，桂系与蒋介石捐弃前嫌。1938年白崇禧被任命为军事委员会副总参谋长、军训部部长、桂林行营主任、代总参谋长等职务。这位被称为小诸葛的桂系二号人物，多次参与反蒋、倒蒋，蒋对白自然亦恨之入骨，但政治的现实则让这对冤家时敌时友。白是位只承认现实利益的职业政治人物，他仍然在其后的1948年，通电逼蒋下台。抗日关头，这位小诸葛仍然参与指挥了淞沪、台儿庄、鄂东、昆仑关等数次对日战役，并赢得赞誉，而随后其参与制造的“皖南事变”，则是他在抗战中的一个令国人深痛的事件。

领导抗战的军事中枢为军事委员会，军事委员会下设委员长侍从室，由蒋介石的随行参谋、侍从秘书、副官等组成，分别处理各项专门事务。其中第四组为侍从室核心，主管政治、经济与党务及蒋介石交办的机密案件。这幅图上站着的是军事委员会侍从室第二处人员，合影于重庆，右起第四人为侍从第二处主任陈布雷。此人被称为蒋在大陆时期最为器重的文胆。二十多年间，蒋介石的重要文章、指令、电报，几乎均出自陈之手，陈布雷办事，蒋介石放心。作为蒋介石秘书班子的首脑，陈深谙为官之道，虽权倾朝野，受人瞩目，然官式态度以俭朴、高效著称，与时人相比，确有异常高妙之处。

然这位国民党中无派自重的人，反成各派拉拢之目标，陈极力避之，同时设身周旋各方利益，故在国民党错杂的派系中，人缘极好。蒋介石是极难侍候之人，蒋个性急躁，分配任务时，从不考量时间关系，但陈总会在规定时间内如数完成。在重庆的这段时间，陈布雷的角色举足轻重。

这位一直奉封建伦常之念甚深的书生，为集中精力工作，与夫人王充默女士两地分居。身体不适时，才会接夫人小聚养病。然这位对蒋毕生尊崇、个性软弱、如椽大笔终为蒋氏一人所用的“稀世文胆”，却在1948年11月22日，在国民党溃败之际，服安眠药自杀弃世。据称，蒋接到死讯后，沉默良久，殡葬之日，蒋介石称之为“当代完人”。从封建文人角度考量，陈似乎受之无愧。

为坚持持久战，国民政府于1937年11月20日，发表迁都重庆之宣言，以示与日长期抗战之决心。其后由国民政府主席林森率政府之五院以及财政部、内政部、外交部等机构至重庆办公。蒋介石则领军事委员会等军事部门暂留武汉，部署及指挥全国抗战。随后，迁至重庆的国民政府在1938年元旦举行了盛大的庆祝中华民国开国纪念典礼。参加者均为当时重要的政治人物，包括国民政府主席林森、戴季陶、王正廷等数百名中枢要臣。

汪精卫与友人同游南岳。左一就是他的所谓知己陈璧君。这位据称可以左右汪精卫的精明女人，对汪影响深远。但这对夫妇的命运在这次选择中，显然走错了方向。抗战胜利后，陈璧君被处决。

1940年1月，汪精卫从日本回国后，即与伪临时政府、维新政府展开谈判。图为3月30日，汪伪政府在南京成立，汪在典礼上发表还都宣言。汪精卫彻底倒向日本怀抱，成为千古汉奸。

委身为汉奸的汪精卫。这位早年曾以谋刺清政府摄政王而被捕之后，以“引刀成一快，不负少年头”、后以孙中山的机要秘书身份起草孙中山遗嘱的国民党大佬，在与蒋介石的权力之争中败北后，再次走错了方向，同时也为蒋介石彻底清除汪找到了最好的借口。

1942年1月，蒋介石就任盟军中国战区最高统帅时与夫人合影。1941年12月7日的珍珠港事件彻底改变了中国抗战的性质与国际战略架构，亦使中国的外援情况有了根本变化。美英两国的对日宣战以及中国对抗轴心国的行动，使亚洲地区的战事纳入全球反法西斯战争的一环。蒋介石向美国建议，成立中、美、英、苏四国军事同盟，蒋的建议首先得到美国的积极响应。1942年1月3日，根据罗斯福的建议，同盟国成立了中缅印战区。蒋介石为中国战区最高统帅。蒋介石在日记中对此受宠若惊："国家之声誉及地位，实为有史以来空前未有之提高，甚恐受虚名之累，能不惧哉？"

蒋介石听取中美联合作战演示文稿后步出会场。中国很快就开始被融入到了国际战争的前沿，受到伤害的美国人把自己的战略以及战术，包括物资，源源不断地输入中国。中国正在成为对日决战的第一战场，中国的地位在抗日的版图上迅速凸显了出来。

第三战区司令长官顾祝同。第三战区作战地域为苏南与浙江，顾祝同于1937年7月任第三战区副司令长官，指挥陈诚、朱绍良部进行保卫淞沪之役，12月，任第三战区司令长官后，还参加过南昌会战诸战役。

抗战爆发后，蒋介石为指挥军队作战，将全国划分为若干战区，负责具体地域的作战行动。第一战区的作战地域为河北、山东北部。左图为第一战区司令长官程潜（中）与杨杰的合影。第一战区副司令长官为刘峙、汤恩伯。程1937年就任第一战区司令后，为阻止日军占领徐州后沿陇海路西进，次年6月，在蒋介石密令下，派工兵炸郑州花园口决黄河之堤坝。虽暂时阻止了日军由平汉线进攻武汉的计划，为战略转移大西南赢得了时间，但也给豫、皖、苏三省造成巨大灾难。

在淞沪保卫战中，退入公共租界的谢晋元部，每天坚持操练，不为日寇威逼所屈。日军于是收买其部郝姓叛徒等四人，于1941年4月24日将谢晋元刺杀。消息传来，举国悲愤，这是设在重庆的灵堂，遗像两旁是蒋介石手书的挽联。

第五战区为鲁南与苏北，司令长官为李宗仁。1937年12月，日军占领南京后，分兵北上，与山东南下的日军南北夹击徐州，企图打通津浦路，再沿陇海线西进郑州，南下武汉。李宗仁指挥张自忠、庞炳勋、汤恩伯、孙连仲各部在台儿庄进行会战，浴血月余，取得胜利，台儿庄战役共歼日军1万余人。此为战前，李宗仁在台儿庄车站摄影留念明志。

1937年8月，冯玉祥任第三战区司令长官，后去职，回任军事委员会副委员长职。1937年8月淞沪会战主要以三战区各部参战。

第九战区司令长官薛岳。薛岳最著名的战例是指挥了三次长沙会战，重创日军。

第十二战区司令长官傅作义。1945年就任此职后，主要主持接受热、察、绥三省日军投降事宜。

第七战区司令长官余汉谋。

1941年11月7日，为了庆祝十月革命24周年，重庆外交团体举行各项活动。图为苏联代表团拜会国民政府军事委员会主席蒋介石。抗战爆发后，美英各国采取实用主义外交，不仅不制裁发动侵略战争的日本，反而趁机发战争财，继续输出战略物资到日本。只有苏联，基于防止日本侵略的共同战略目标，军援中国抗战。日本侵华后，苏联派遣“空军志愿队”来华参战，由阿沙诺夫将军率领四队战斗机和两队轰炸机，先后参加了南京、武汉、顺德、广州、南海等战役。

蒋介石与盟军东南亚战区总司令蒙巴顿将军。此次会面促成了中国远征军的组建。中国先组建了中国驻印军和远征军，使用了美国提供的武器。他们从缅甸北部和云南西部向日军展开正面反攻，这是中国军队与美国军队首次联合作战。

首次踏足印度的蒋介石在新德里机场留影。

1942年2月7日，踌躇满志的蒋介石向英国提出访问印度，得到同意。罗斯福希望蒋介石去印度促使印确保中国当时惟一的国际信道滇缅公路和惟一的出口仰光不得有失，否则日本将对中国形成合围之势。蒋于9日与宋美龄等抵达新德里。蒋宋受到总督林里资哥及夫人的欢迎。

蒋宋夫妇会晤甘地。蒋欲与甘地见面，受到丘吉尔拦阻，后甘地写信给蒋，蒋“读之悲怆不能成眠”，深感亡国之人失去自由的痛苦，遂再次召见英国大使，向他表示得见甘地，足慰平生。后在蒋的再三要求下，英国政府被迫同意，地点选在加尔各答。

在加尔各答甘地的寓所里，蒋宋夫妇与圣雄甘地会面。蒋介石与圣雄甘地的会面，让英国方面相当紧张。事后证明，正是因为有此印度之行，蒋成为日后英印之间冲突的折冲人物，对于战后印度的独立有着特殊的意义。

1942年10月2日，美国总统特派代表威尔基来到重庆考察。因威尔基是下届总统候选人，受到蒋氏夫妇热情欢迎。这位热情大度快人快语的先生说：“以她的才气、智慧与说服能力，必能使美国人民更加了解中国，这项任务只有宋可以完成，她是一个完美的大使，美国人就需要这样的访客。”宋对威尔基的建议大为心动。事实上，《时代》杂志的鲁斯也在1941年5月访问重庆时，向宋提出此建议。鲁斯认为其效力可达10个陆军师。蒋介石对威尔基的提议，既感惊喜也略有踟蹰，因国史上从未有夫人外交的先例，也无法预料此行的效果。但中美关系如此重要，也使蒋下决心一试。

宋美龄在纽约受到当地华侨的热烈的欢迎。

蒋氏夫妇夫唱妻随，在宋美龄举办的午餐会上，蒋的发言赢得了夫人们的鼓掌。

罗斯福夫人伊莲娜赠送礼品于宋。照片上的宋楚楚怜人，颇得伊莲娜爱怜。有史家称，世界近代史上“除了罗斯福夫人外”，没有一个国家的第一夫人堪与宋分庭抗礼。

在白宫草坪前，罗斯福夫人与宋美龄成为美国媒体的焦点。

1943年2月18日，可说是宋美龄生命史上的一个大日子。她要在众议院发表一篇只许成功不能失败的演讲。因为它不仅会影响到中美关系的现状和前景，亦将左右美国人民对中国的看法。更重要的是，她要把中国人民抗战的艰苦与英勇介绍给世界。

那天中午，罗斯福夫人陪同宋美龄至国会，以参院多数党领袖巴克莱为首的迎驾小组护送宋美龄进入参院议事厅，议员和旁听席上皆座无虚席。宋美龄向鼓掌欢迎的参议员微笑颔首，副总统兼参院议长华莱士先作简短介绍，继由宋美龄致辞。宋美龄原仅计划向众议院发表演说，抵华府前始接获华莱士之邀向参院“说几句话”。宋的开场白获得了如雷掌声。

其时宋的演说举出了美国飞行员杜立德上校1942年4月率队轰炸日本后，数名飞行员在回航时降落中国山区获中国人民热烈欢迎。她说：“余在贵国度过余身心长育之时期。余操诸君之语言，不但操诸君内心之语言，且操诸君口头之语言。故今兹来此，亦有如见家人之感。”

参院演讲结束后，宋美龄即至众议院议事厅，众院议长雷朋向众议员热情颂赞宋美龄。这是众院第二次邀请女性发表演说，荷兰女王威莲敏娜曾于1942年8月首获殊荣。

宋的演说的重点是：（一）强调中美两国长期友谊与美军的参战贡献；（二）宣扬中国军民抗战之艰苦与决心；（三）陈述中国历史文化之悠久；（四）控诉日军暴行；（五）主张先击败日本再对付纳粹；（六）阐扬正义必胜之道；（七）各国携手重建战后和平。宋美龄日后在美、加各大城市的演说内容皆以这七大重点为主。

宋在结语中的一句话，获得了满堂彩，她斩钉截铁地说：“我中国人民根据五年又半之经验，确信光明正大之甘冒失败，较诸卑鄙可耻之接受失败，更为明智。”众院议事厅爆出了历久不歇的掌声。一名议员说他从来没有见过这样的场面，宋差点让他掉下眼泪。

美国《时代》周刊刊载封面文章，纪念宋美龄的这次访美活动。画面上的宋高贵典雅，用国画的形式表达，形式十分新鲜。这是该杂志惟一一次单独以宋美龄为封面。

美众议院议长雷朋介绍宋美龄对众议院议员发表演讲。

宋美龄在美国访问时留下的一幅着旗袍图。这张图片广为美国的媒体刊用，而宋的形象也在美国人关于中国的遥远的想象里，有了一个错觉，他们以为中国就像宋美龄所描述的中国，而她本人，也就成了中国人的具象化的一个实证。只是当后来越来越多的美国人，开始了解中国的时候，才开始从这个错觉中惊醒。

宋美龄一行坐火车从华府前往纽约、芝加哥、好莱坞展开她的忙碌而紧凑的“征服美国”演说行程。6月29日，宋从美国南部搭乘来美国时所乘的同一架飞机返国，历时7个月大有斩获的新大陆之行，戛然告终。宋美龄在美国的巨大影响力，在《纽约客》杂志刊载的这幅漫画上可以看出端倪，宋的影响力足以与日本侵略者抗衡。

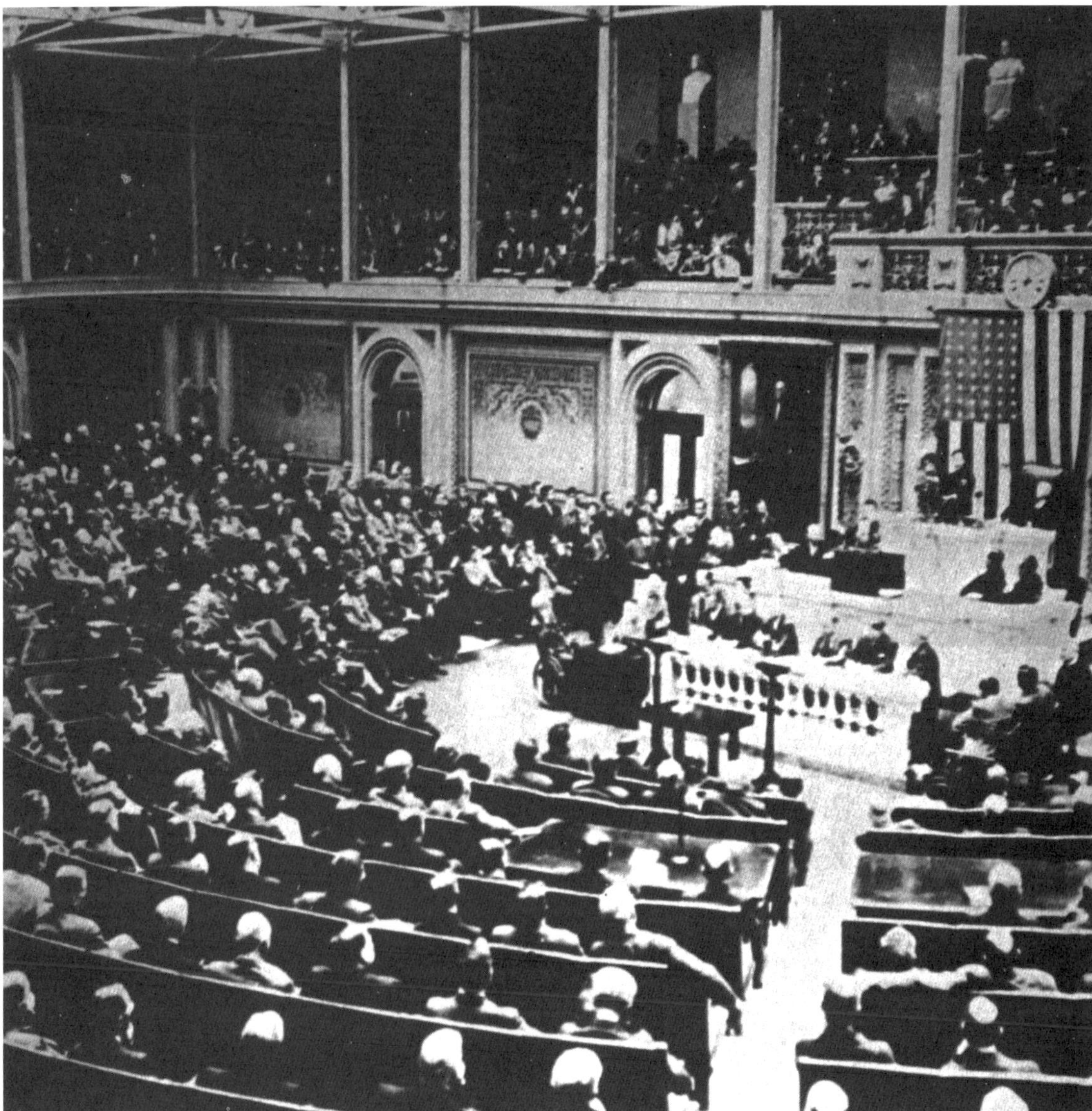

宋美龄在美国参议院发表演说会场盛况。

宋在美国报刊上的形象。极具西方化气质。

宋在镜头前的直觉相当好，且极会配合。图为摄像师跟随拍照她在美国期间的活动图片。

1943年8月1日，林森在重庆病逝。林去世后，国民党中央常务委员会临时会议决议，选任蒋介石代理国民政府主席。9月，五届一中全会通过蒋介石为国民政府主席。1943年10月10日，中华民国国庆日，蒋就任时，与夫人合影。

1943年11月下旬，中、美、英三国领袖于埃及开罗举行高峰会，罗斯福总统邀请蒋氏夫妇加入他和英国首相温斯顿·丘吉尔参加的这次开罗会议。会议地点在金字塔与人面狮身像附近的米纳饭店(Mena House Hotel)。据记载，18日，蒋介石夫妇领中国代表团分乘两架飞机自重庆起飞，经5小时飞行到印度，19日游世界奇景之一的泰姬陵，于21日上午7时飞抵开罗郊外之培因机场，罗斯福与丘吉尔仍未到达。中国战区参谋长史迪威已先行飞抵开罗，他为蒋的部属，但蒋宋到达时，他并未去机场迎接，史家梁敬錞认为“有简傲慢上之形迹”。蒋宋下机后，由陈纳德开车引导至米纳饭店，住别墅第一号。

蒋介石偕夫人参加开罗会议，商定联合作战方略及归还中国失土，收回台湾澎湖，恢复朝鲜独立等战后条件。这次会议的过程中，蒋和罗斯福还讨论了中缅印战区的问题。《时代》周刊当时的记录认为，丘吉尔只想与罗斯福讨论盟军在欧洲登陆的问题，认为蒋发言“冗长、难懂、无关紧要”。至于蒋介石，他对于能参加这次会议感到非常高兴，他咯咯笑着说：“总统对我有求必应。”尽管随后的德黑兰会议上，罗斯福改变了部分对蒋的承诺，但蒋仍得到了一次安慰：他终于参加了最高级别的会议。

1943年11月25日中午时分，出席开罗会议的中、美、英首脑及高级幕僚合影后，宋美龄加入合影。宋美龄与丘吉尔在会场内外频频斗智。蒋介石本人对于此次会议所取得的成果自难掩其得意之色，他说："此次在开罗逗留七日，其间以政治收获为第一，军事次之，经济又次之，然皆获得相当成就。本月大部精力，皆用于会议之准备与提案之计划，慎重酌之，未尝掉以轻心，故会议时各种交涉之进行，其结果仍能出于预期。此固为革命事业中之一项重要成就，而内子为余传译与布置，其协助之力，亦甚伟也"宋美龄在这次会上的表现，几乎使本次开罗会议蒙上了一层中国情结，丘吉尔对此大为恼火，甚不以为然。

蒋介石在埃及首都开罗巡游。11月26日，通过开罗宣言，主要有：1. 三国决心以不松弛之压力，从海陆空诸方面加诸敌人；2. 三国联合行动，在于制止及惩罚日本之侵略，决不为自身图利，亦无扩张领土之意；3. 三国决定剥夺日本自一战开始在太平洋所夺得或占领的一切岛屿，将满洲、台湾、澎湖列岛归还中国。

第五章

金陵春梦 蒋介石退守台湾前没有公开的秘密

抗战胜利后，国民党即失去民心

抗战胜利后，蒋介石对中共打算先行接收东北沦陷区大感忧心，发令要求朱德就地驻防，共军则打定“寸土必争”的原则，双方冲突白热化。在国际列强纷纷要求国共合作的前提下，毛泽东于8月与周恩来主动飞往重庆参与国共对谈，强调中共主张避免内战、推动联合政府，但双方歧见过大，虽签订双十协议，却无实质效用，解放区域划分问题依旧没有解决。

为免国共双方军事冲突扩大，美方于1946年由马歇尔正式介入，运作国共举行政治协商会议解决内战争端，达成国民党军队不进共区、组织联合政府、国共军队一比五比例等原则，但由cc派主导的国民党二中全会却全面批判并推翻结论，让国共争端终因关外接收问题而一发不可收拾。

失去美国欢心，民变、学潮、工潮令国民党后院起火，蒋介石不敌解放军猛攻，江河日下

虽然蒋介石态度强硬，但国际舆论与美方态度已在转向，一方面，史迪威身为美国战争英雄，却被蒋逼回美国，让一向对蒋介石宽容的美国媒体开始一连串批判，马歇尔等人对蒋介石也无好感，因此美方对国共内战一贯采取“介入但不参与”的态度，仅希望从中调停。

蒋介石未多理会美方调停要求，反批判军队受到马歇尔掣肘、谈谈打打，使马歇尔不断成为中国境内反美情绪投射对象，被质疑为挑拨中国内战者，最后只能黯然离开中国。但美方自1946年开始实施禁运军火十月令，加上各级将领对蒋介石的反感，让国民政府受到内外交困的压力。

蒋介石从1946年底派出主力正规军准备“剿共”，但1947年1月，陈毅、刘伯承率领此时已更名的解放军向山东猛攻，进逼徐州，并歼灭蒋介石手下李仙洲、张灵甫十余万正规军，华北、山西、东北三线的进攻也取得绝对优势，迫使蒋介石在1947年7月4日宣布全国总动员，并宣称将彻底消灭解放军。

但数个月之后，事实证明蒋介石率领的国民政府军在各路战线依旧遭到解放军的痛击，国共军队在此消彼长之下，兵员已然大致相等。只是国民政府由要员提出亲苏求和的构想，让原本采取禁运军火态度的美方大为紧张，因此也紧急提供3亿美元贷款给困境中的国民政府。

可是国民政府由于修宪、组阁、选举造成的内斗不断，黑市经济和通胀压力令社会动荡，金圆券改革更彻底动摇社会对币制稳定的信心，加上民变、学潮、工潮不断，使国民党的后院着火，却无力灭火，眼看东北、山东轮番落入解放军手中，军情优劣易手，蒋介石的国民政府只能坐看覆亡的来临。

TIME
The Weekly Newsmagazine
Volume XXVII
JAPANESE EMPEROR
MOSCOW SECRETARY
MANCHU EMPEROR
NANKING PREMIER
Number 8

《时代》杂志封面上的时局

蒋介石赠勋盟军中国战区参谋长魏德迈将军。史迪威的奉调回国证明美国政府已非常重视调整与蒋的矛盾，决心在战后支持蒋介石，但在人选上，却以蒋的意见占了上风，派蒋曾在印度见过的魏德迈将军就任新职。1944年11月5日，魏到任后在第二次与蒋会见时，谈到可否由赫尔利出任驻华大使，蒋表示同意。魏这种征询式的态度与史迪威的傲慢截然不同，仅此一点便博得蒋介石的好感。蒋在日记中评价魏，“此人直谅勤敏，可以说毫无城府，与史迪威之性格，适属相反，而其办事精神之积极紧张，我国军人应效法之也。”魏德迈吸取史迪威的教训，“忍辱负重”，一切问题惟蒋总司令发号施令，与蒋相处甚洽。他就职后，全力用美式武器装备国民党军队，使蒋军的嫡系部队从装备作战到后勤补给形成了完备的系统。蒋赠勋章即有此意。

1944年10月，国民党在重庆成立全国知识青年志愿从军指导委员会，编组青年远征军十师，蒋介石命蒋经国为青年远征军编练总监部政治部主任。蒋介石于成立会后 摄影留念。

宋美龄出任航委会秘书长前，国民党政府空军由意大利提供飞机与训练，然一无成就。抗战爆发后，国府空军号称有500架飞机，能起飞的还不到100架。日军则有3000架，仅上海一地即有400架。日军在上海且建有机场，尽管中国空军远居劣势，但飞行员的素质和爱国心却是一流的。1937年8月14日，日寇木更津空军联队的18架轰炸机自台湾新竹基地起飞执行轰炸杭州任务，日寇机群越海窜入笕桥上空，中国空军第四大队大队长高志航率领27架战斗机升空拦截，击落6架敌机。这是中国空军的第一次空战，非但无一受损，且创光辉战果。宋美龄即建议将8月14日定为“八·一四”中国空军节。图为抗战初期的中国空军飞机在机场编队候飞情景。

著名的研究宋美龄女士的作家林博文先生说，宋是会晕机的人，但她完全了解中国若要整军备武，第一步即必须拥有够水准的空军来保护领空。国民党空军创建于1932年，当时飞机少，人才荒，亦无实战经验。1934年蒋氏夫妇的西北与华北之行，以及随后的“西安事变”发生后，何应钦诸人主张动用飞机轰炸西安，更使蒋氏夫妇深感空军必须由“自己人”来领导，不能假手他人。《宋家王朝》一书的作者说：“‘西安事变’期间，蒋委员长在南京的许多亲信幕僚曾密谋策划把他炸得粉碎，因此，如让这批人掌握空军，显然是不智之举。蒋夫人对其丈夫说，她愿意亲自出马，设法把空军变成克敌制胜的有效武器，而非一种政治筹码。蒋同意并让她负责。”美国女作家尤恩森认为，蒋愿意由宋美龄出面主持“摇篮时期”的国民党空军，显示“蒋介石的看法有一点是颇为明确的：即国民政府需要现代化中国的军力，尤需战斗机。然而，购买飞机涉及大笔款项，蒋介石无法决定他那批贪污成性的幕僚中，究竟谁能负起这一重任。他知道自己的妻子可以信赖。因此，这位只受过音乐、文学和社会美德教育的宋美龄，便把许多时间花在有关航空理论、飞机设计和比较各种飞机零件优劣的技术刊物上。她和外商洽谈，订购了价值两千万美元的产品。她从采购商摇身一变为中国空军总司令，对妇女而言，这是史无前例的“。尤恩森又说：“宋美龄独揽空军大权，不容他人染指，并成为严格执行空军纪律的人。她规定，凡在这支精英部队中行窃者，将被处以极刑。知道必须撤离南京时，她还常在新闻稿上提到‘我的空军’。”抗战前期，中国空军多使用美国、意大利、德国、法国等国在一次大战所制造的旧式飞机，经过三个多月的对日空战，损失惨重。图为飞越驼峰的援华飞机。

宋美龄急需能干的助手帮她整顿空军，她聘请了前美国陆军航空队飞行员霍布鲁克当顾问。宋是个做事讲究效率的人，她问霍什么人可以在短时期内把中国空军改造成像样的军种，霍马上想到了一个长相酷似“老鹰”而又充满剽悍之气的老飞行员，这个人就是陈纳德。

1937年初春，陈纳德收到了宋美龄的一封信，问他是否愿意到中国当空军顾问，月薪一千美元，此外还有额外津贴、专用司机、轿车和译员，并有权驾驶中国空军的任何飞机。因病而离开军职的陈纳德立刻答应。4月1日即由旧金山搭乘“加菲尔总统”号邮轮经日本赴华，护照上面写的是到中国“考察农业”。从此，陈纳德开始了自己的中国生涯，成为家喻户晓的“飞虎将军”。

1940年10月“飞虎队”开始在中国战区建功。1942年2月28日，蒋氏夫妇在昆明宴请陈纳德和飞虎队成员。宋美龄讲了一段感性的话：“在中国国运最严重的关头，你们带着希望和信仰飞越了太平洋来到中国，因为这个缘故，不仅我国空军，而且我们全国都展开双臂来欢迎各位。委员长适才曾道及你们光辉和英勇的事迹，他并且赞誉飞虎队为举世最勇敢的一支空军。”宋又说：“当你们翱翔天空时，你们无疑是用火焰在空中写出一些永恒的真理，给全世界都看到。”图为蒋与陈纳德将军合影。

1945年5月，德国向盟国宣布投降欧战胜利，蒋介石出席庆祝世界胜利日，并发表广播讲话，欧洲主战场的胜利似乎宣示了与日战争胜利之日的临近。

1945年8月6日美军在广岛投下原子弹，三天后，日本工业城长崎市也遭原子弹轰炸，这两次空前的空袭行动为历史上破坏最巨的二次世界大战画上句号。1945年8月9日上午11点，很显然，日本人感到了压力与恐惧。日本首相铃木召开了一个紧急会议准备应对。就在会议进行当中，副官报告了第二个灾难，长崎遭受了广岛一样的命运。《时代》周刊记者描述：折磨一个民族的六个日子就这样开始了，这个民族从来不知道什么叫做失败，现在，必须尽快决定一亿日本人的命运，以免美国人再次扔下原子弹。在经过漫长的会议后，裕仁天皇宣布，接受波茨坦宣言。1945年8月15日中午时分，日本国歌《君之代》播放起来，随后，天皇有史以来第一次向日本民众讲话：

“……敌人已经开始用新的极端残忍的炸弹，如果我们继续战斗，日本民族不光会最终失败和消亡，人类文明也将全部灭绝，这就是为什么我们要接受列强提出的联合宣言。让全民族像家庭一样一代代地延续吧。把你们所有的力量，凝聚到未来的建设中去，培养正直的行事方式，培育高贵的精神，坚定地工作，用你们的决心促进帝国天赋的辉煌，紧跟世界的发展……”

8月14日上午7点，杜鲁门总统在简短地正式宣布日本投降之前数小时，狂欢就开始并且持续数天。美国人的狂欢几乎失去了控制，男人和女人们蜂拥到了大街上，互相拥抱，陌生者彼此变成了距离遥远的朋友。

欢乐很快传染到了远东。1945年8月10日下午8时，日本广播宣布日本政府投降，重庆的广播电台播送这一消息时，广播员感情激越，没有了平日的素养与技巧，而任由激情的驱使，在播音结束时，他激动地说：“诸君，请听陪都欢愉之声。”是时，收音机中传出响亮的爆竹声、锣鼓声以及外国盟友欢乐的声音。5天后的8月15日，作为战胜国，中美苏英正式接受日本投降，蒋介石即向全国军民发表广播讲话，宣布中国的胜利。陪都重庆再次陷入到庆祝的欢乐中。

对受降总司令何应钦来说，最荣耀的时刻是在南京。9月8日，何的飞机在明故宫降落，中国选择了三九（9月9日上午9时）这一良辰吉日。这个盛大的受降场面来自于中方的精心布置，图中右面大桌后为中方代表，左方桌后为日军代表，中央长桌为盟国代表。中国代表自左至右分别为空军上将张廷孟、海军上将陈绍宽、陆军总司令何应钦、陆军二级上将顾祝同、中将萧毅肃。中国军人正在习惯以胜利者的身份练习这件终生中可能惟一得到的荣耀。日军代表冈村宁次大将签署降书，包括中国大陆及台湾、越南等地的日军悉数放下武器，成为战俘。

蒋介石演说后步出广播大厦，受到了民众的热烈欢迎。抗战胜利带给他的是如释重负之后的心情愉悦。但蒋此时却盘算着继续向与国民党共同浴血抗战的中共军队开战。

中国战区陆军总司令何应钦代表最高统帅接受日军总参谋长小林浅三郎呈递的降书。

蒋介石于抗战胜利后至卢沟桥巡视。卢沟桥是一个极具象征性的地方，并不仅仅是因为其漫长的历史，而是因为其在中国人心中留下的创痕。古老的石桥成为神圣抗战的象征。蒋选择在胜利日到达这里，显然内心思绪万千。自1931年算起，至1945年结束，中日战争绵延纠缠15年之久，是二战两倍的时间。研究者称，中日间的战争分为两个阶段，1931年至1936年间为局部战争，1937年至1945年间为全面抗战。对于蒋来说，八年中与史迪威之争、“西安事变”惊险、追击红军、汪精卫叛敌等等故事，其间滋味难以一次胜利作结。当天蒋在日记中坦陈自己心情复杂，在桥上徘徊良久，心中并无狂喜。

蒋介石以签名照片，分赠国际友人，庆贺盟军胜利。

蔣中正贈
盟軍

戰勝强權 復興中華 協和
萬邦 威振遐邇 完成國民
革命 建立平等自由大中華
國民政府軍事委員會便用箋

民族解放 民權吐葩 民生
樂利 自由開花 實現三民主
義 建立富强康樂大中華
國民政府軍事委員會便用箋

五權並立 五族一家 民國萬
歲 憲政孔嘉 勵行五權憲
法 建立統一獨立大中華
國民政府軍事委員會便用箋

抗战胜利，蒋介石撰书的“大中华歌”。

在抗战胜利的半年时间里，蒋介石夫妇开始四处巡察，同时进一步稳固自己的地位 。1945年，蒋夫妇首次赴台湾，自1895年中日签订《马关条约》割让台湾，历经50年日本殖民统治，台湾终于回归祖国。已先期光复的台湾，对于中国来说，极具象征意义。蒋夫妇首度来台，旨在看望那里的民众，同时也对这个孤悬海外的岛屿，进行象征性巡察。然而，蒋氏没有想到，4年后再度来台，台湾竟会成其最后避身之地。

抗战胜利后的蒋，似乎松了一口气。蒋宋数度上山，庐山上曾留下他们的多处行踪，蒋介石甚至为宋修了一座“美庐”，图为蒋宋夫妇在牯岭含鄱口远眺。

1946年，蒋宋会见来中国访问的美国艾森豪威尔将军及马歇尔将军。宋美龄坐在三巨头中间，显得更像个主角，但却并没有像她数年前在美国时的风光一样，赢得美国人新的支持。

蒋宋虽在吃饭上各自一套，互不习惯，但偶然野餐时，蒋也会将就宋，在外面尝尝宋的手艺。

蒋介石似乎对野餐情有独钟，其手艺也堪称不错。偶有闲趣，他也会亲自动手，调制一顿野餐。他的拿手好菜据称是宁波炒饭。只是这样休闲的时光，很快就被他自己打破了，长达三年的内战在他的一手挑弄下，已使中国没有一寸土地会有宁静的炊烟。

建立一个世界性组织的想法，早在1916年就被当时还是美国总统候选人的威尔逊提出来了。他说："世界上的各国必须联合起来，共同阻止任何扰乱整个世界的举动……"第一次世界大战后，在解决战后问题的巴黎和会上，美国总统威尔逊倡议并积极推动，决定成立国际联盟。由于美国国会没有批准参加国联，使提出成立国联倡议并为之奔走的美国终于没能作正式代表进入这一国际组织。1920年1月10日，《凡尔赛和约》正式生效，这标志着国际联盟的正式成立。第一次世界大战结束后仅仅20年，二战开启，国际联盟随之消亡。同盟国在同法西斯国家进行艰苦战斗的岁月中萌发出创建一个维护世界和平与安全的新国际组织的设想。1942年1月，美、苏、英、中等26个同法西斯轴心国作战的国家的代表在华盛顿签署了《联合国家宣言》，宣布以《大西洋宪章》的宗旨和原则作为盟国的共同纲领，约定决不单独停战或单独媾和。这是第一次使用"联合国家"一词。据说此词是罗斯福总统在散步时想出来的。"联合国家"代表反法西斯联盟，与后来的联合国组织并不相同，但联合国由此脱胎而成。1943年，反法西斯战争的胜利已成定局，各大国对规划战后国际安全机构显得更加重要。罗斯福从美国的全球战略利益出发，对战后国际组织的设想是：能切实有效地维护和平，以防止侵略国再发动新的世界大战；美国能在其中起领导作用；不能成为软弱无力的国联的再版。强调大国要在战后维护世界和平与安全中起到国际警察作用。为此，罗斯福希望争取苏联的支持与合作，否则未来的国际组织就难具有世界性，这是至关重要的。此外，中国应享有大国地位，这是对中国在反法西斯战争中作出巨大贡献和中国蕴藏着伟大潜力、必将享有远大未来的认识，同时也有今后借重中国制约苏联的作用。

1943 年 10 月 19 日至 30 日，苏、美、英三国外长在莫斯科举行会议，通过了《苏美英中四国关于普遍安全的宣言》。中国驻苏大使傅秉常代表中国政府签署了这个文件。四国在《宣言》中宣布："它们承认有必要在尽速可行的日期，根据一切爱好和平国家主权平等原则，建立一个普遍性的国际组织，所有这些国家无论大小，均得加入为会员国，以维持国际和平与安全。"1943 年 11 月 23 日，开罗会议的第二天晚上，罗斯福在与蒋介石长谈时表示，中国应取得四强之一的地位，并平等地参加四强机构，参与制定该机构的一切决定。蒋介石答称，中国将欣然参加四强的一切机构和参与制定决定。次日，中国代表团成员王宠惠奉蒋介石的指示，向美国代表团成员霍普金斯递交照会，要求成立美英苏中四国委员会，负责联合国理事会组织事宜。在 1943 年 11 月 28 日至 12 月 1 日的苏美英三国首脑德黑兰会议上，罗斯福提出关于建立国际组织的较为具体的计划，建议未来国际组织包括三个独立机构：一个大约由 35 个"联合国家"组成的庞大机构;一个由苏美英中四大国，再加上欧洲两个国家，南美洲、近东和英国自治领地各一个国家组成的执行委员会机构；一个由苏美英中四国组成的"四警察"机构。罗斯福强调，新的国际组织应该是世界性的，而非地区性的。罗斯福的建议得到丘吉尔和斯大林的同意。12 月 24 日，罗斯福在谈到开罗和德黑兰两次会议时说："英国、俄国、中国、合众国及其盟国代表了全世界四分之三以上的人口。只要这四个军事大国团结一致，决心维护和平，就不会出现一个侵略国再次发动世界大战的可能。"

1944 年 7 月 18 日，美国政府把经修改的联合国草案交给了中、苏、英政府。1945 年 4 月 25 日，在苏联红军与英美联军在易北河胜利会师的同一天，联合国制宪会议在旧金山大歌剧院如期举行。会议的正式名称是"联合国家国际组织会议"。这是世界外交史上规模空前的盛会。参加会议的有 46 个国家的代表团，代表 282 名，随行人员 1726 名。大会秘书处工作人员 1058 人，采访记者 2636 人。中美苏英四国首席代表为宋子文、斯退丁纽斯、莫洛托夫和艾登。中国共产党的代表董必武是中国政府代表团的正式成员。1945 年 6 月 25 日晚，经过漫长激烈复杂的大国与小国的角力之后，全体大会通过联合国宪章及作为"宪章之构成部分"的国际法院公约。次日早，在退伍军人礼堂举行了历时八小时的签字仪式。一开始参加大会的 46 国代表加上后来被邀请参加的丹麦、阿根廷等四国，共 50 个国家约 153 名全权代表依次在中、英、俄、法、西五种文本的宪章上签字。中国代表团第一个签字，随后是苏联、英国和法国代表团，然后其他国家代表团依本国英文字母顺序一一签字。美国作为东道国最后一个签了字。中国共产党代表董必武作为中国政府代表团成员在宪章上签了字。

1945 年 8 月，蒋介石在重庆国民政府内，签署联合国宪章。联合国宪章正式于是年 10 月生效。这也是蒋在重庆签署的最后一个国际性文件。

南京光复后，经过近一年的生息，重又焕发新生之气。国民党先遣之还都筹划委员会也已先期抵达，筹划诸多还都前期之事。研究者称当时迁都之时，遗失之物不计其数，而还都之时，诸多军队政院之事，耗费更是巨大，据称，光是从重庆开出的迁往南京的军列就达十几列，近万辆军车次。还都庆祝之日确定于5月5日。为粉饰气氛，五月份的南京到处都遍插青天白日旗与新建牌楼。这座在南京国民大会堂前搭起的“庆祝还都”牌楼，就是当时还都的见证。

1946年5月5日，在南京举行的国民政府还都典礼在中山陵园举行。在典礼讲话前的蒋介石，踌躇满志，右为陆军总司令何应钦与诸将官相拥。摄影师的镜头后面，隐现着宋美龄的侧影。在军头们的中间，宋氏显得分外刺目。

蒋介石在陵园主席台上发表广播讲话。讲话透过中央社的广播电台，传送到各地。讲话稿据传由文胆陈布雷拟就，蒋在讲话中总结数年抗战艰苦卓绝之胜利，但又不忘记刻意突现自己抗战胜利“领袖”的功勋一面。

还都典礼结束后，蒋氏领党政军及各界代表谒陵。中山陵已成历次国民政府重大事件后的一个象征。据记录，蒋氏共谒陵二十多次，但如此类庆典更是必要一环。图为蒋介石与夫人宋美龄女士谒陵后步下台阶。

蒋介石在南京还都数天，行程紧凑，数天内连办数场典礼活动，这是他在灵谷寺，向抗日阵亡将士英灵致祭。

蒋介石吊祭灵谷寺阵亡将士纪念塔，与何应钦将军等人野餐。

在灵谷寺致祭完后的蒋介石与何应钦诸将官在寺前合影。灵谷寺位于南京中山陵墓旁。香火茂盛，至今依然。

还都后的国民政府正式运作后，恢复因抗战中断数年的制定宪法之大会。史家称之为制宪大会。1946年7月，蒋介石主持的国防最高委员会会议，决定是年11月15日召开国民大会，在《五五宪章》的基础上加以修改，制定“中华民国宪法”。由于事关国体与政制未来，是次会议显得格外重要。图为国民大会召开前夕，南京国民大会堂。

国民党召开的这次国民大会，汇集了国民党、青年党、民社党以及部分社会人士1701人参加。但这次声称将结束一党训政的制宪大会，中共和一些民主党派因其“一党制度”而未参加。为中共和民盟都留有名额。外电报道此次大会实为“国民党包办之专场”。会议开幕，国民大会筹备委员会秘书处处长洪兰友宣布主席团成员。站在台上的左起7人为洪兰友、孙科、蒋介石、白崇禧、李宗仁、吴铁城、邹鲁。蒋介石站在主席团成员中，他的身后隐约是孙中山的画像。蒋氏一生奉孙中山为国父。只是江山在手，思想却早已随着时间生变了。

国民大会在南京国民大会堂开幕。时任南京的国大代表的著名学者胡适博士说："在民主政治方面我们不过是小学生。我们正在教室里学习。"

不过如果国民大会是个难于控制的小学校的话，那么那里的混乱就使怀疑论者大声喝彩。他们害怕强大的国民党的代表像老板一样抽打他们，而不像对待同学那样对待他们。相反，蒋委员长要求大家保卫自己的权利，要自己教育自己。蒋甚至说自己退休的时候已经到来。

《时代》记者弗雷德里克·格里森认为这是中国突然出现的民主：蒋委员长走到台前，有点犹豫，有点像个小学生走进一个新的学校似的，坐到主席团轮流担任主席的座位上，在宣布大会开始前戴好了眼镜。虽然主席团要求不要对大会的规则与进程进行公开辩论，但是陕西代表吴何先坚持要求蒋委员长解释他最近写给少数党、民主社会党领袖张君劢一封信的意思。吴质问道，如果委员长允许张君劢起草宪法，为什么不让国民大会来起草呢。代表们立刻大喊大叫，会场一片混乱。

是这样吗？委员长解释道，他是以国民党总裁而不是以政府首脑身份写这封信的。他建议会议的议程应该按照规定的程序进行，但是代表们不同意。他们按投票按钮使计票板上反映出他们的意见，把大会的规定交一个特别委员会上审查。中午休息时间，有些代表在走廊中、茶室里对外国观察员低声问道：你对我们这里的情况怎么看？美国国会……英国议会……是这样的吗？在

红砖瓦房中吃午饭时，蒋对一些代表说，得人心的选举必须按照新宪法行事，否则"我就成了另一个袁世凯"。三天之后，蒋委员长又在台上出现。这时他已不是以国民党总裁而是以政府领袖的身份在台上了。他不用讲稿讲了35分钟，回顾了革命的历史、孙中山的目的、他是孙中山的信徒等等。他说他没有任何政治野心，他宣布他的奋斗目标："孙总理说五权原则（按指行政、立法、司法、考试、监察）的根本精神是分散权利与权力……然而一千年来，中国人民缺乏保护自己权利的训练。坦率地说，他们根本没有这种能力与习惯……他们的权利必须受到保护。

"当我们达到人民能够保护自己的阶段时，总理的理想和'五五宪法'（五月五日公布的宪法草案，当时称为五五宪草）的精神就不会受到威胁了……自从总理逝世后，我一直尽力按照他的教导行事，虽然做得还很不够。现在我已年到六十，

我可以告诉诸位，我没有政治野心……我担心自己已经没有能力像从前那样工作了。我必须把责任交还给人民，而人民必须学习如何保护自己的权利……不过目前的情况是，人民虽然在学习，可是我认为五五宪法并不合适……不要通过不完善或不合适的五五宪法，否则中国会受到伤害。大家要考虑人民的权利和福利。只有这样才能安慰总理和所有革命者的在天之灵。"

蒋向代表们鞠躬然后离去。外面正在下雪，但这并不像中国人说的"这是上天给的吉兆"。事实证明，这次制宪大会，只是一次新的危机的开始。蒋所做的事件证明，他说自己没有野心只是一种说辞而已。

国大代表林紫贵、方治与北平行辕副主任傅作义将军合影。站在中间的这位字宜生的山西人傅作义，经历传奇，与蒋的关系也颇堪回味。1936年，傅将军不承蒋"攘外必先安内"之策略，成功地进行了绥远抗战。傅于是年8月，亲临前线，毙敌数百，俘虏土匪队伍"防共自治军"副司令马子玉等六十余人。傅传令将匪首全部处死。蒋介石于9月18日明令嘉奖傅"剿匪安民，厥功尤伟"。毛泽东闻之也赞傅"四万万人闻之，神为之王，气为之壮"。南京国民制宪大会后仅三年，1949年1月，傅在北平举行了和平起义，并推动了尔后的绥远起义。

外电则评述这位慈眉善目、高大、秃顶、下巴不断抽搐，看起来好像总是在笑的将军是位神奇人物："傅将军指挥的政府军解了大同之围、占领张家口。马歇尔说：'傅是个真正的军人。他说到做到，我完全相信他。'人民写信鼓励他，说他有理智、有感情。事实证明傅是绥远的正直、有能力的行政长官。许多人从各地写信给他，请他帮助解决各式各样的问题——从找回丢失的鸡和小孩到制止邻居们打官司。在战地，他和手下的军官们不佩戴军衔，和士兵们同吃，一起行军。在进军张家口时，他的部队7天里通过崎岖的山路走了150英里。"

负责修改宪法草案的国大代表雷震（右二）与军界代表白崇禧等人。

雷震毕业于日本京都大学，1938年任国民参政会秘书兼议事组主任、后勤部国民参政会副秘书长等职。这位国民党中的改革派与民主派人士，终生都在试图用自己的思想与言行，寻找真正的制宪与国民党的更新，随蒋返台后，雷震终因言获罪，为蒋介石所不容，酿下震荡台岛的雷震巨案。

1946年12月25日，国民大会闭幕，大会临时主席吴稚晖致闭幕词。

这位晚清举人早期赴日留学，以国民党元老之身份在政界据于要角，又以其学术在中国留下深远影响。他精通文字考据，古文学造诣很深，文笔出手不凡，起草过不少民国史上著名的文件，如孙中山先生的遗嘱和开除汉奸汪精卫党籍的决定等。但其成就最大者是推广普通话。

吴虽从事沉闷、枯燥的古文字学，却在政界举足轻重。近现代史上不少大事均与其相关。如公车上书事件中，吴是参加者之一。在1903年的苏报案中，受到清廷的追缉。1905年在伦敦求见孙中山，成为孙的追随者，由此，吴政治资本雄厚，并以革命圣人自居。蒋与吴关系深厚，双方互相善用对方，吴在政治运作中勾兑成熟老到，并能站位精确，常年不倒。研究者认为其“革命建国的诸统，由是而递嬗、发遑，先是以国之大老，每每躬与盛典，隐隐担负了协选护持的重任”。吴以特殊身份维蒋，蒋则将自己宣誓就职时的临誓和授旗任务，全部交由吴负责，以作给吴的荣誉。

史载，吴曾在1927年7月9日，蒋介石立誓就任北伐军总司令职时，请吴代表国民党中央党部授旗致词。吴授旗后云：今天中央执行委员会代表全体党员，敬奉总理遗像，党旗国旗，授我革命军总司令，领全体将士，载而北征，牧野之捷，载主东下，一戎斯定，天下为公。

此次之后，吴又历经数次场合，如1943年10月10日蒋二次任国府主席，1946年制宪大会，再后的1948年蒋被选为大总统时。吴可谓声名隆重，难以逾越。

国民政府改组后，白崇禧兼职国防部长，蒋桂水火难容。白崇禧是桂系二号人物，多次参与反蒋、倒蒋、蒋介石对之亦恨之入骨，然蒋白二人关系错综纠缠，政治是现实的，蒋虽恨白入骨，然对其反共立场与手握重兵之实力，又不容割舍，故数次在权衡利益中，白都屡任要职。白心中盘算自然并不以蒋为惟一利益，在可以反蒋之时，白总不会放过。他在次年1948年通电逼蒋下台事件中，也身负要角。然其后桂系主力被人民解放军歼灭，于1949年底黯然退台，1966年病逝。

1947年4月，国民政府按“多党制”原则，改组国民政府，蒋介石任国民政府主席。五院院长均由国民党系统控制。在国民政府委员中，国民党占17人，青年党占4人，民社党占4人，社会人士4人。史评此为过渡时期的政府。图为是年4月23日，国民政府委员会改组成立，国民政府主席蒋介石主持首次会议，通过行政院各部部长人选。

1948年3月底，行宪国大召开，中心任务即按照《中华民国宪法》，实行宪政，选举总统，实行总统制。这是蒋介石对自己命运的一次重要安排。3月11日，第一届国民大会筹备委员会成立，负责大会筹备事宜。3月29日，第一届国民大会（行宪国大）在南京开幕。图为国大代表胡适在国民大会上发言，拥蒋竞选总统。其右为行宪国民大会秘书长洪兰友。胡适的支持对于蒋在学界选票的影响甚巨。这位白话文运动的领军人物，与政治的关系虽明还暗，总能逢源开流，畅顺其政、其文之途。

张群在国大选举中当选为行政院长后，接受美国《时代》周刊记者采访。这本对中国事务表现出极大热情的杂志评价这次会议："如果本周国民大会总算成立了立宪的民主政府，它就需要许多有能力的行政人员，需要有正直、能干、为人民所信赖的人。中国没有足够的受过训练的、合乎条件的官员，但是比美国人认为合格的官员要多，其中就有张群、俞大维、贝祖贻、吴国桢、傅作义将军等。"

这家杂志认为张群在国外不为人所知，是四川省主席。他是最接近中国在世界上最有名的领袖人。1948年他58岁，身体健壮，看起来像个美洲印第安人。他喜欢戴鲜艳色的领带，喜欢吃冰淇淋，还是政学系的领袖。政学系是一个希望在广泛民主基础上建立一个现代工业化中国的一个派系。自从1928年以来张一直是国民党中央执行委员，他不是左派，但也反对以陈立夫为首的、信仰儒教学说的保守派。张群被称为一个有温文尔雅风度的院长。并彰其有新的治政方略，但话音犹在，张却于次年5月辞职。

国民代表大会选举蒋介石为中华民国总统后两周，开始选举副总统。起初，一切都进行得非常顺利，在龙门饭店，代表们与在国民党内威望仅次于蒋的候选人孙科一起喝茶，此人的父亲就是中国革命领袖孙中山，就连其他四名候选人对孙也都同样礼貌恭敬。

1948 年 3 月，李宗仁在北平发表竞选谈话，表示欲参加竞选，他幕后的支持者为驻美大使司徒雷登，这位美国人对蒋的虚伪的政治摆布心存不满。广西来的黑马，生性倔强的李宗仁将军大胆地打破了中国人从不表扬自己的传统，说道："我的当选将意味着平民的胜利。"他吹嘘了自己的平民出身，作为一个农家孩子，他放过牛、犁过田、劈过柴，因此他理解农民的艰辛。他断言："不解决人民的生计问题，一切军事行动都注定要失败。"他还呼吁实现耕者有其田，结束官僚资本，清除腐败，在政府中使用更有能力的人，以及与蒋进行坦诚的对话。《华盛顿时报》的记者认为："与处于南京国民党内部圈子的孙科不同，李只是一个局外人，尽管他声名显赫，是 1938 年台儿庄战役中歼灭日军两个师的中国方面的总指挥，但是抗战胜利以后他一直没有得到积极的野战指挥权，显然，蒋并没有选中他。不信任的根源可以追溯到 1929 年，当时李领导了广西将领的一次叛变，中国原本有共产党的不满，现在，李的激烈言辞把其他怀有不满的人士集中到了自己周围，这些人里有知识分子，有军官，还有刚从内战中逃难到南京的北方人。"

李宗仁宣布竞选，对蒋是一件十分头疼的事情。与桂系水火难容的蒋介石，自然知道桂系头面人物李宗仁当选后意味着什么，蒋此后在周围策士的密谋下，想出以党提名候选人的方法，企图把李从候选人名单剔除，但遭李宗仁的拒绝，蒋与李的矛盾自然公开化。而在这次副总统之争中，其竞争到了白热化的程度，蒋也在这次选举中，使国民党中派系矛盾非但没有化解，反助其更加燃烧。

副总统候选人于右任

此次竞选副总统人选变化多端，大家虽知蒋属意孙中山的公子孙科先生当选，但仍然陪衬式地增补了数名候选人。于右任这位曾于1931年起就任监察院院长长达三十多年，有“监察院保姆之称”的前清老人，自然知道自己的角色，既是国民党元老，又是文化名人，然与蒋之关系却令人寻味。在1930年中原大战中，旧部杨虎城对冯玉祥作战勇猛，助蒋得胜，蒋升杨为17路军军长。杨原是冯的部下，后脱离冯而附蒋，于右任作用非常，故蒋对于尤其尊重。在第一任监察院院长蔡元培因不满蒋专权离职，第二任院长因故未到任时，蒋选中于右任做了第三任监察院院长。于支持国共合作，与蒋貌合神离，而在“西安事变”中，又因杨将军之事变，遭到蒋的质问。“西安事变”解决后，蒋介石飞抵洛阳，于右任等至机场迎接。蒋下飞机见于右任，劈头一句话：“张学良年轻，但杨虎城是于先生的部下，竟能如此，实出我之所料 。”是次出任候选之职 于右任已明白自己仅是陪衬，故姿态较为轻松。

孙科在蒋的属意下，参加竞选中华民国第一届副总统，但这位孙中山的公子却明显不是李宗仁的对手。在1948年4月23日蒋介石当选总统五天后，国民大会启动了选举副总统程序，候选人共6人，包括程潜、徐傅霖、谷正纲诸位，投票结果，李宗仁以754票领先，孙科559票，程潜522票，其他更少。李虽占先，但票数不足法定半数，于是依选举法规定，第二天投票再选。选举当天，《救国日报》为助李宗仁，刊登出了孙科的一则丑闻，给孙造成了很坏的影响。蒋见局势转变，又劝告程潜助选，但第二天结果虽李仍占先，但仍不足半数。一系列的事故使选举发生变故，李宗仁以退为进，拟退出选举，此举令蒋始料未及，故只好紧急召开中常会，派出白崇禧劝李复选。28日，国大恢复投票，但仍无法过半数，依法，李与孙再由大会决选，以多数取胜。李宗仁自退出后，反使竞选能力加强，凡对蒋不满之人，不论何派，皆投李。29日，以1438票压倒孙科的1295票，历经四次投票，当选为国民政府第一届副总统。当选后的李对蒋自然心存芥蒂，两人之矛盾在随后的逼蒋下野中，达至极点。

李宗仁、孙科竞选副总统时计票记录。

经过四轮充满敌意的投票之后，李以明显优势胜出。《时代》周刊认为，“这不是一场友善的争夺，李一度曾退出，指责说他的支持者受到了恐吓，于是要了一架飞机送他回北平，但国民党高层指挥反省之后，蒋总司令给李送去了他的保证，他支持公开竞选，当天主持国民大会的学者胡适提醒大家说‘秘密选票提供足够的保护’。”

当选举结果宣布出来以后，议员们欣喜若狂，他们抓住满脸笑容的李夫人，把她抬了起来，大街小巷里，从街角的广播里听到了选举结果的人群，点燃鞭炮，噼噼啪啪地欢庆起来。欢呼的人群拥到了李的竞选总部，兴高采烈地把李高高举过头顶，一位代表欢呼道：“非常好，我们给政府投了反对票。”新当选的副总统说：“公众的意见就像是涨水时的一股洪流，没有一堵墙能永远挡住它。”这是为李胜出后，与监察院院长、候选人，自己的竞争对手于右任先生握手致意。

（上）1948年5月20日，蒋介石与李宗仁在就任典礼中。

（下）5月21日，蒋携夫人宋美龄再往中山陵谒陵。此种仪式名正言顺，研究者认为，蒋将谒陵作为一种仪仗，似有一承大统之心在内，也有压人视听之举。

李宗仁在蒋介石夫妇谒陵后，着制式军服前往谒陵，此际的李宗仁满腹心事。当年报载，李宗仁在后面的礼仪安排上，屡遭蒋介石的“暗算”，如在就职典礼上曾传有一则蒋恶整李的传闻，李因为不知道当天蒋想穿什么，为求配合，便先向蒋询问，蒋便告诉他将着军便服到场。到后，李穿上了军服并挂满了标榜战功的勋章，蒋则一袭长袍，相形之下，蒋一派温文尔雅，李却土里土气。参加完典礼的李宗仁只好仍然挂着这身沉重的勋章，行走数里谒陵 。

1948年5月20日，行宪国大会议后，中华民国法统确立，南京总统府正式开始办公，这栋建筑为原太平天国洪秀全的天王府，经改建为南京政府的总统府，就职大典当天，总统府内新添朱红大柱、天蓝栏杆，宫灯盏盏，灿烂光明。

“现在我们的厄运似乎不可动摇，”一位高级官员说，“人们对政府的信心可谓丧失殆尽，所有人都感到他被笼罩在即将到来的灾难的阴影中。在一片悲观情绪中，人们相互斥骂指责，但却发现无路可走，他们到政府工作只是为了捞取个人的好处，根本不是全心全意地支持政府，这就是我们的危险所在。如果我们不能重新振作士气，如果我们不能重新获得信心，政府真的要完了。”

但是如何才能修补好中国已经支离破碎的士气呢？此后，蒋带领几位最为信任的谋士来到经常闭门思过、重省自我的庐山之巅，寻求答案，以下是中国可能面临的几个选择：

* 蒋总司令依然担任国家领袖，重整旗鼓在华中和华南地区与共产党进行争夺。
* 蒋总司令下台，让位给新生的“改革”政府（最有可能的首脑是副总统李宗仁）。
* 中国可能分裂成地方割据状况。
* 共产党可能征服全中国。

这些选择，很快就被敏感的美国人全部猜中了。

美国军事顾问团成立于1946年3月，首任团长鲁克斯中将，巴大维中将为继任团长。1948年扩大为驻华美军联合顾问团，人数最多时约一万多人。其主要职责为训练国民党军队，并提供装备，进而实现“中美国防体制一元化”。1949年，国民政府撤离大陆时，顾问团也随之迁台。蒋介石对美军顾问团在中国的行动十分重视。蒋氏夫妇时常宴请团中成员。

1947年3月，国民党军队因已无力对解放区发动全面进攻而将解放区的东西两翼山东和陕北，定为重点进攻的目标。蒋的意图是，两翼得手后，即分头北进，在华北与解放军决战。

当时解放军在陕北仅有6个旅两万多人，面对的是来势凶狠的胡宗南指挥的34个旅25万兵力。从13日开始，两军在延安以南交火，因处处被阻击，胡宗南部激战6天，方逼近延安，但此时延安已是空城一座。19日，西北野战军将这座小城主动放弃。

3月19日，国民党军队攻克延安。据当时的《中央日报》报道：“荡涤共匪盘据13年之巢穴后，蒋委员长亲赴延安巡视。”研究者认为，蒋来到这个被中国共产党称为圣地的黄土高原中的小城，带着大队人马，以胜利者的身份四处巡看，甚至亲临毛泽东住所，登上宝塔山巡察之后，感慨系之。据其身边人员披露，蒋认为这是抗战胜利后，国民党所取得的最大的胜利，尽管他们占据了一座毛泽东弃下的空城，史家却将这次蒋占据延安，作为毛泽东开始大反攻的前奏。这位胜利者当时并没有想到，自己四处追击的敌人，只用了三年多的时间，就将他驱到了那个遥远的小岛上。

全面内战爆发后，根据美国国务卿马歇尔提议，美国总统杜鲁门派魏德迈为特使，领考察团来华，考察政治、经济、军事情形，以制定援助国民政府的计划。

这是1947年7月22日，魏德迈一行飞抵南京机场。魏德迈抵达时，受到美国大使司徒雷登、文官长吴鼎昌、白崇禧等人欢迎。魏德迈在中国的行程受到较大的关注。因其直接关系到今后美国与中国的关系，故蒋对他寄予了很大的希望。但很快，蒋则开始公开指责这位受到南京欢迎的美国特使。

魏德迈到中国后，即赴各地调查访问。8月22日，魏德迈应邀向国民党重要人士发表演讲，魏德迈在讲话中严厉批评了政府军事上的无能和各级官员普遍的贪渎行为与缺乏效率。他表示："现在的中央政府如果能够撤换现在当权的无能者和腐败的官员，就能重新取得广大人民的热烈支持……中央政府必须立即采取激烈的、有深远意义的措施进行政治和经济改革……应该承认，单纯用武力是消灭不了共产党的……"中国的"恢复有待于令人振奋的领导"。《时代》周刊认为，"中共听了当然高兴。上海共产党办的定期时事通讯对魏德迈的严厉讲话作了一个板着面孔的解释：魏德迈的名字读出的声音是'我——的——妈——呀'，意思是'我的后爸'，有些中国人认为如果按姓名的意思翻译，也很贴切。译名的意思是'高傲得超出了美德'。"

蒋介石认为魏德迈是暗指他无力领导中国政府，在国民党中常会开会时，蒋即指责魏德迈"告洋状"，两人关系急剧恶化。蒋与美国人交恶，自史迪威之后，这是第二人。

第六章

蒋介石第四度下野 蒋孔宋家族 各自东西

政治腐败，经济崩溃，蒋再也无力逐鹿中原，第四度宣布下野

政治腐败、经济崩溃，逐渐动摇国民政府政权，1948年底更因战局剧变而迅速崩溃。压倒骆驼的最后一役则是淮海战役。1948年10月，陈毅、刘伯承率军进攻徐州，国共双方实力相当，但国民政府军毫无斗志，结果全军覆没，蒋介石手下重要将领黄伯韬、邱清泉自裁。华北逐一被聂荣臻、林彪攻陷，蒋介石自此再也无力逐鹿中原。

1949年，蒋介石眼看解放军势不可挡，于元旦文告中提出与中共和谈的条件，并暗示将宣布引退，强调惟国民公意是从，一方面推卸兵败的责任，另一方面也在观察李宗仁等桂军大佬的进退动作。

以国民党总裁的身份掌控南京政务、军务，然终无力回天，蒋氏政权退守台湾。

元月21日下午，蒋介石正式念了文告，宣布“因故不能视事”，因此引退下野，由副总统李宗仁代行总统职权。

蒋介石虽然人在溪口，却能以国民党总裁的身份掌控南京政务、军务，完全架空了李宗仁的职权，并在2月下旬将中央银行金块、银元转送台湾库存。

4月23日，中共军队进入南京，5月17日，蒋介石父子由舟山飞往马公岛，并于5月26日自马公飞台湾高雄、冈山转寿山。后因国民政府迁都成都而又曾飞回大陆处理政务，眼看其势不可为又重回台湾。

宋美龄则在淮海战役后，于1948年11月28日赴美访问。《顾维钧回忆录》记载，宋美龄此行无论成果及受欢迎度都与1943年访美有天壤之别。在杜鲁门明显不欢迎她的状况下，宋美龄此行不但没有引起舆论注意，向美政府求援更毫无成果，不过宋美龄最后以养病为由，还是在美国待了一年多。

国民党政权迁台后，美国总统杜鲁门于1950年1月5日发表声明，称美国将不以任何方式干预中国目前局势，或进行足以使美国牵涉于中国内争的措施。在这项形同弃蒋的声明发表后，美方放弃台湾的用意相当明显。1950年1月10日，宋美龄离美赴台，3月1日，蒋介石宣布在台北“复职”“总统”，复行视事。

1950年6月25日发生朝鲜战争，台美关系顿时改变，为求维护国家利益，一向对蒋介石冷淡的杜鲁门在开战两天后违背自己的声明，转令美国第七舰队“协防台湾”，从此确定两岸隔绝的局势。1952年，态度强硬的美国将领艾森豪威尔当选美国总统，并任命坚决反共的杜勒斯担任国务卿，更将大笔美援送往台湾，还签订了“台美共同防御条约”，开始台美关系的蜜月期。

蒋介石扶杖沉思的表情时常出现于晚期的照片中。他常喜爬山，然后静坐台阶上默想，衣服穿得一丝不苟。皮鞋锃亮、中山装的上衣扣得齐整、裤腿高挽的习惯似乎从1921年就开始了，即使到老，他也没有改掉它。从这一点上来说，蒋是个旧时代的人。

退职后的蒋介石在家乡的妙高台上小憩。蒋此时倍感困扰，经营多年的国民党政权即将崩溃，蒋此时苦苦思索的只能是如何营造退路，把仅有的资本与人力引向最后据点台湾。

蒋介石似乎已意识到此次退位有可能是在大陆最后的一幕，他回到溪口后整天流连于家中的祖祠，似乎要把这块养育他多年的家乡看个够似的。图为他领蒋经国及家人祭家祠，蒋氏家祠门上有他手书的“忠孝传家”四字。

蒋介石的家族观念甚重，他在溪口期间，曾主持修订蒋氏族谱。这幅常见之于众的照片是蒋介石与蒋家“小强人”在翻阅族谱，而原图所注，此为蒋介石向蒋经国授诸家族史。

1947年10月，蒋介石命蒋经国回乡筹修蒋氏族谱，蒋介石亲为校订族谱总目录及赠言志，并亲自书写族谱牒文。至次年11月29日，蒋氏第八届族谱在溪口宗庙行奉献礼，蒋介石曾在日记中写道："余有生以来，已三经修谱之期，第一期，余才二龄，童稚无知，姑不论矣。第二期以献身革命，于役百粤，未能回家参与。此次初以为可亲祭祖先，上呈谱牒，稍尽子孙之职矣。不意时局杌陧，忧患重重，仍无暇抽身离京，以偿夙愿。回溯半生戎马，未获一日小休，岂国而忘家以忠作孝者，果如是乎？幸得经儿还乡主持，代余服劳，且胜前已有三孙，克承家绪，而骨肉宗族之间，亦和睦相处，天父之厚于我者，可谓至矣。"

蒋介石回乡时受到家乡父老的欢迎。

蒋介石与胞姐瑞春合影。

蒋经国小时，王太夫人对他疼爱有加。

蒋经国陪侍蒋介石在大雪山雪山堂游走

1949年4月21日，人民解放军横渡长江。23日，进入南京。24日中午，蒋介石下令把船只准备好。下午，蒋氏父子似乎已作好了离开的准备。蒋介石与夫人宋美龄、蒋经国，来到王太夫人墓前，作最后祭礼，也作最后的告别。

蒋宋夫妇再谒远祖亭侯墓。屡次离开家乡的蒋似乎已预感到此次离开，将是其一生中最后的一瞥。据称，4月21日晚，蒋介石与蒋经国诸人正在武岭学校看戏，突然有人来报，南京有长途电话，蒋经国接电话回来，即同蒋介石诸人迅即离席。有人目睹，临走之前，蒋氏父子乘坐渡船，到达河南，在河边缓缓步行，似有无限惜别之意。随后即从武岭门坐车启程。

蒋经国在此日的日记，写下了离别的情绪：“上午，随父亲辞别先祖母墓，再走上飞凰山顶，极目四望，水山无语，虽未流泪，但悲痛之情，难以言宣，本想再到丰镐房探视一次，而心又有所不忍……且溪口为祖宗墓庐所在，今一旦抛别，其沉痛心情，更非笔墨所能形容于万一……”蒋氏父子于4月25日下午二时到达宁海县西店团堧村，下海出走，即乘守候在出海口的“太康号”兵舰，转赴上海，退守台湾。此年蒋介石62岁。

1949年，蒋氏家族最后一次祭祀奉化老家祖坟。蒋介石身边是孙子孝文和孙女孝章，蒋经国恭敬地站在父亲身后。蒋经国背负着父亲的包袱，直到父亲晚年，他任职“行政院长”期间，才充分在经济上展露才华，全心整建台湾。

1949年1月22日，在离开南阳次日，李宗仁发表代总统文告，宣称愿与中共进行和谈。后派出了以张治中、邵力子为首的代表团。中共代表团提出“最后修正案”，李宗仁不敢签字，谈判终告破裂，1949年4月，国民政府开始商议第二次迁都，这次他们选定了海峡对岸的台湾。国民党政府在大陆22年的统治结束。

1949年2月12日，国民党元老戴季陶服食过量安眠药自杀，死于广州东园招待所。戴季陶与蒋介石为结拜弟兄。两人之间关系可谓赤诚深厚。最早可追至1920年，蒋随孙中山在许崇智手下做事，因受到孙中山的批评，不服气而辞职。戴闻之，追至奉化见蒋，批评蒋无肚量，不堪大任，且不容解释。蒋大怒，与戴大吵一场，但第二天仍随戴去上海见孙中山，没想到孙已赴广东，蒋又赌气，回到奉化。戴再追至，劝蒋马上去广东，戴对他大发脾气。事后，蒋写信向戴道歉。戴在回信中云：“劲兄赴广东，虽属为公，亦有一半系为三个人打算。兄之我之强，有不同挡者，然杯酒失意，任性使气，不稍自忍。以此处事深恐招祸……”

蒋是个权欲极强之人，没有谁能如此激烈批评他，而他又能接受的，包括陈其美与孙中山也不能。但他对戴的批评回信表示听从规劝。其后戴对于蒋的帮助总在关键处出现。1924年蒋介石当上黄埔军校校长一职，即与戴大有关系。始，孙中山拟让程潜任校长，蒋为副，但蒋想取程而代之，又以退为进，跑回上海。其后戴与张静江出面说情，孙中山适才改蒋为校长。

戴季陶以国民党的理论家自居，是“反共最早、决心最大，办法最彻底”者，其以反共反人民为主要内容的“戴季陶主义”，成为蒋氏反共的重要理论基础。但三年内战中，蒋氏王朝的溃退，使这位蒋氏的金兰兄弟、畏友良师，终于绝望忧郁，以致服药自尽。蒋介石“闻耗长痛，故人零落，中夜唏嘘”。

李宗仁与时任察哈尔省主席傅作义的最后一次同机抵达。此次晤面后不久，傅将军便在北平宣布起义。1949年1月31日，北京和平解放，北京在这一天发生了巨大的变化，国民党傅作义部队的20万人马撤离市区，开到城外指定地点听候改编，已经十分强大的解放军部队进城接管，这一天被定为北平解放纪念日。1949年10月1日，中华人民共和国成立后，北平恢复它原来的称谓——北京。

上海的少年们在这座城市解放后，观看游行的解放军士兵。画像上是毛泽东和朱德将军，这幅画面摄于在北平解放后几日。记者亨利·卡特尔森撤离北平后的下一站是上海。他在《生活》杂志上描述，那儿的五百万居民城市已经被“成千上万的难民住满了，这些难民疲劳而且饥饿，在任何一个地方像乌鸦一样住下来。很快，这些难民被一种莫名的兴奋所主宰，解放军士兵们唱着延安时期热情洋溢的歌声走进了他们的视野，他们纯朴、灿烂的笑容以及乡土味十足的秧歌，开始在这个著名的城市里弥漫。人们几乎忘记了上百公里外的南京，以及距上海几百公里外的蒋委员长，他们迎来了一个新时代。

第七章

高压治台 坐困孤岛 “反攻大陆”渐成幻梦

记取教训，蒋介石虽以高压治台，但也适度开放地方层级的民主

国民政府迁台前后，由于国共内战情势未明，美方束手，因此情势相当紧张，尤其在岛内还一度爆发“二·二八事变”，突显台湾人民对国民党军队的反感。因此蒋介石在迁台后，仍然借着牢牢掌握住军警大权，以军事强人的姿态，维持高压统治，并且不吝以强硬手段对付异议人士。

蒋介石虽然以高压姿态统治台湾，但是深刻记取自己失去政权的教训，却也适度开放地方层级的民主选举，以及各项社会改革运动，增加台湾人民参与的机会。例如在政治方面，开始实行地方自治，进行县市议员与县市长的民选；在经济方面，先后实施“三七五减租”、“公地放领”及“耕者有其田”等获得农民好评的方案。

国民党政权从1953年起，以4年为一期，连续推动五期经济计划，奠定台

湾经济发展的基础。蒋介石并于1968年开始，在台湾实施九年国民义务教育，大幅提高国民教育水平；1969年12月则开始举行“国大代表”、“立法委员”、“监察委员”的增补选，以后每三年改选。蒋经国主政后，更逐期扩大被选举名额。

失却外援，坐困孤岛，老蒋郁郁而终

由于自奉俭约加上美方的支持，蒋介石不但身体状况颇佳，并且牢牢抓稳台湾的各项命脉，成为台湾土地上真正的强人，尤其蒋经国的能力卓越，更让蒋介石无须太过操心。不过在冷战情势的影响下，美方无意在中国另辟战场，因此蒋介石“反攻大陆”的口号，几十年来不过是幻梦一场。

至于曾为世界瞩目焦点的宋美龄，虽然仍以“第一夫人”的姿态，穿梭在蒋介石身边，却已不复当年光彩。虽然由孔宋家族主持的“中国游说团”仍在美积极运作，并巩固蒋介石“反共”英雄的形象，也没能对国民党的艰难处境有更多帮助。甚至在国际现实情势下，中美关系改善，令台湾的空间不断压缩，乃至被迫退出联合国，让身处孤岛的蒋介石更加抑郁。

1972年，蒋介石的健康开始急速恶化，先是动了前列腺手术，又因为车祸住进医院，同时由于长期使用抗生素，蒋介石痊愈速度相当慢。1975年4月5日午夜11点50分，蒋介石在睡梦中因心肌缺氧并发肺炎不治而病逝台北。

1949 年，蒋介石在内战失利中退守台湾，这年他 62 岁。自 1945 年抗战胜利后，短短四年间，国民党部队被解放军节节逼退。原本蒋介石思忖既能度过艰险的八年抗战，对打击中共自然更是信心满满。然而国民党政府的腐败，激起经济的动荡，人民对中央失去信心，这成为国民党顿失政权的最大原因。抗战期间，蒋介石尚从容自若，而在国共内战后期，蒋介石屡屡情绪失控，大声咆哮。

在大溃败的前夕，蒋氏仍然梦想营造国际力量反共联盟来挽回败局。他在抵台湾后，先后于 1949 年 7 月与 8 月，赴韩国会晤李承晚，到菲律宾会见总统季里诺，磋商组建“东亚反共联盟”问题。图为其与菲总统季里诺会谈时的情景。蒋氏起初仍幻想着这不过是暂时失败，他仍然可以回到大陆。

1949 年底国民党的大溃退改变了许多人的命运，黄杰在撤退前任中国陆军总司令部第一方面军副司令官，直到国防部次长等，1949 年战败后，领残部退入越南 1953 年赴台。

1949 年 11 月，国民党当局代“总统”李宗仁托病离开大陆，对国民党当局要其主政置之不理，后以治病为由，将军政事务交阎锡山主理，自己转抵香港。国民党当局亦从广州迁重庆，再迁成都，眼看成都即将不保。12 月 27 日，解放军消灭了胡宗南辖下的 6 个兵团，国民党军队在大陆的最后一支主力全线灭亡。

国民党在大陆军事已完全失败，国民党当局遂在成都召开会议，决定将政府机关迁往台北，至此，国民党势力彻底退出中国大陆舞台。此时，国民党内要蒋介石“复行视事”呼声日高。1950 年，被赶出大陆、据守台湾的蒋介石，自行宣布“复任‘中华民国’‘总统’”。蒋介石的理由是，去年宣布引退，实乃个人诚信未孚所致，依据“宪法”由“副总统”李宗仁代行，由于李称病由香港赴美国，返期难定，故今“复职”。但自行“复职”的蒋介石此际却心事重重。

1949 年 10 月，台湾方面为对抗中华人民共和国建立，也在所谓“总统府”前举行十万人聚会场面。

国民党的惨败与蒋的处境，都一直成为蒋介石的心头之痛，蒋在自行“复职”后即开始了大规模的整党与反思运动，试图通过改造案“图国民党新生”。1949年7月蒋即提出“国民党改造方案”。1950年1月，又约一部分国民党要员重订新案，提交中常会，这是蒋在主持“国民党中央改委会议”时的情景，蒋似乎大有图新革旧之意。

1950年10月25日，解放军三百多艘木船突击金门，由于遭受东北季风吹袭，船只漂到古宁头和垄口中间，国民党金门守军以重炮攻击。古宁头防卫战中，蒋军暂取上风，并使国民党得到舒缓的机会。而此后爆发的朝鲜战争，成为两岸对峙的历史转折点。蒋事后亲到古宁头，透过望远镜，良久注视着遥远的大陆，沉默不语。

蒋介石由时任“国防部副部长”的蒋经国陪同，巡视古宁头前线。蒋家父子极其重视此次作战，并把此视为聊以安慰的重大胜利。

蒋介石在寒风中校阅在台部队。蒋介石在战事一连串失利间，1949 年金门的“古宁头大捷”，却使国民党得到舒缓的机会。1950 年突然引发的朝鲜战争，成为两岸对峙的历史转折点。之后两岸各自发展，历半世纪余。蒋在台初期亟思反攻大陆，只可惜主客观形势不允许，“反攻大陆”沦为口号。50 年代国共双方仍在台湾海峡激战，1958 年“八二三炮战”在金门上演，台湾侥倖，再次度过危机。

美国远东军总司令麦克阿瑟将军于 1950 年 7 月 31 日赴台与蒋会晤磋商国民党政权出兵韩战一事，此时的蒋急需美国强力援助，麦的到访，无疑给蒋打了一剂强心针，遂亲抵台松山机场迎候。此为蒋与麦合影后，互相签字留念，但丢失了大陆的蒋，显然在美国的砝码上，显得分量越来越轻了。

1953 年，美国副总统尼克松访问台湾。这位总统并非喜欢蒋介石，而是在战略上需要台湾。很显然，在美国的战略上，台湾所占的重量越来越轻。

1953 年 11 月，另外一位反共的巨头韩国总统李承晚访问台湾，试图让蒋介石出兵朝鲜前线。但显然，这并不符合美国人的想法，这个计划最后并没有得到成功的机会。

1953 年 11 月 2 日，随蒋介石退守台湾的国民党元老吴稚晖去世。蒋对这位一生对自己很重要的元老之死十分伤心，蒋不仅举办了隆重的葬礼，还将吴的骨灰存于“忠烈祠”。蒋甚至在吴一百年诞辰时，撰文称“伟大的文学家、哲学家、教育家、书法家、社会改革家”等名目，其目的不言而喻。

吴稚晖死后，灵骨在金门海面举行安葬，蒋经国甚至亲自在旁照料。可见吴对于蒋家的重要性。

蒋介石所谓的“总统”连任后，与“副总统”陈诚合影。

退守台湾的蒋氏自题“毋忘在莒”四个字以表卧薪尝胆之决心。

蒋氏与陈诚

蒋氏与麦克阿瑟

蒋氏在台时的“外交”活动甚多。此幅小照片难得透出温暖一面，主角们罕见地退居在夫人们身后。

1954 年 3 月 25 日，所谓的“中华民国”第二任“总统”、“副总统”当选证书，由“国大”主席团胡适、洪兰友等人向蒋致送。胡适到达台湾后，这位以自由、民主著称的白话文运动的先驱，所作所为，对其身后名节影响甚巨。

1955 年 4 月 18 日出版的《时代》周刊最后一次以蒋介石为封面人物。

1954 年，蒋介石当选第二任“中华民国总统”，蒋经国随侍在旁。军人出身的蒋介石，坐姿挺拔。蒋经国个子虽不高，但肩膀宽阔，胸膛厚实。外电评述，“蒋经国曾是前卫青年，15 岁就远赴苏联留学，培养社会主义革命精神。蒋介石‘清党’之后，蒋经国沦为‘人质’，并在压力之下发表公开信谴责父亲是‘中国的叛徒’，直到 27 岁才得以返回中国。蒋经国回国后，父子间曾彼此试探信任度。在蒋介石的培养下，蒋经国逐渐成为父亲的左右手”。

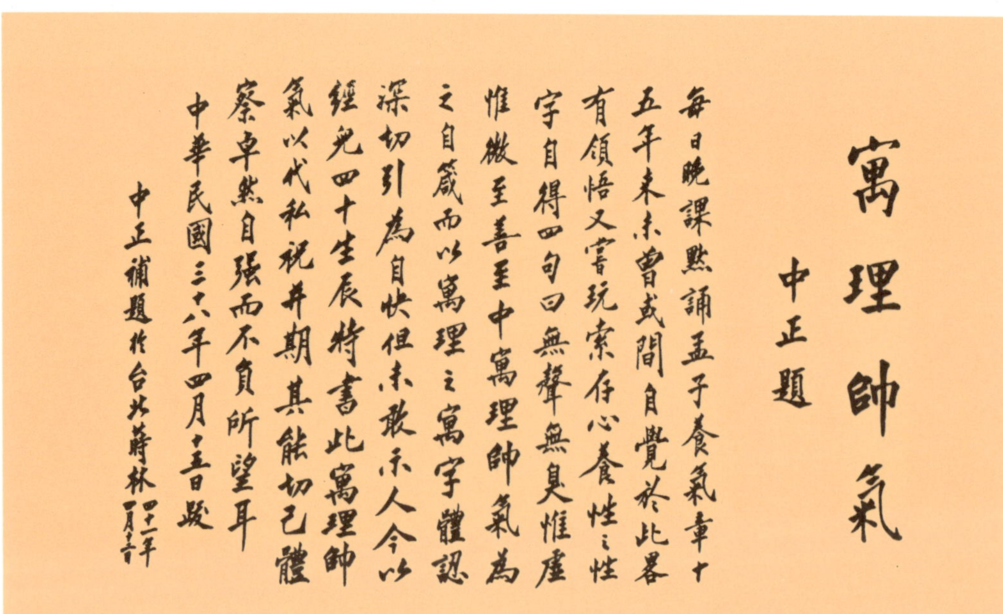
寓理帥氣

中正題

每日晚課默誦孟子養氣章十五年來未曾或間自覺於此略有領悟又嘗玩索存心養性之性字自得四句曰無聲無臭惟虛惟微至善至中寓理帥氣為之自箴而以寓理之寓字體認深切引為自快但未敢示人今以經兒四十生辰特書此寓理帥氣以代私祝并期其能切己體察卓然自張而不負所望耳

中華民國三十八年四月十五日跋

中正補題於台北蔣林 四十一年一月十二日

1958年8月23日中午12时，解放军三个炮兵师在厦门前线同时向金门岛蒋军开火，万炮齐轰。台湾国民党海空军一直袭扰福建沿海，毛泽东考虑在7月份炮击金门，经一个月准备，在福州军区政委叶飞指挥下，自当日开始向金门岛开炮，一个小时内就发射了几万发炮弹。9月初，美国调集第七舰队为国民党海军护航，企图恢复被解放军封锁的金门补给线。解放军根据只打蒋舰不打美舰的指示，再次大规模地炮击国民党军舰，击沉三艘舰艇，美海军后撤。是次炮战一直持续到年底。1958年“八二三炮战”，蒋经国曾在绵密的炮火中冒险抢登金门。蒋介石事后赴金门，与蒋经国临前线视事。

1958 年 10 月，金门炮战过后不久，美国国务卿杜勒斯（左）来台湾替朝野打气，中间为“外交部长”叶公超，其后为“总统府秘书长”张群。杜勒斯为西方出名的“反共理论大师”，其所谓的“和平演变”理论将希望放在共产党第三代的质变，40 年后世界局势的发展证明其先见并不妥当。杜勒斯在战略上十分支持蒋介石的“反共”政策，然而照片中的蒋已有 71 岁了，显露老态，身体和心理均不复当年了，打回大陆的梦想恐怕也力不从心了。

蒋介石、蒋经国父子参观美国“勇往号”航空母舰。美国第七舰队在台湾海峡出现，搅动两岸对峙，也成为蒋氏父子内心重要的心理保证。故蒋氏父子对此极为重视。但他们没有料到，第七舰队的出现，使他们与祖国大陆越来越远，统一只成为一种心理上存在的依据。

1960 年，蒋经国和黄杰同赴金门巡视。黄杰曾任警备总司令，蒋经国被民间称作“党政军特”一把抓，两人关系密切。台湾的“白色恐怖”，主要是从 1949 年到 1954 年 5 年期间。黄杰 1958 年担任警备总司令。

1954年8月，蒋介石突然解除孙立人的兵权，审查“孙立人兵变案”，孙被捕。蒋经国出任台湾当局“国防部”、“政治部”主任，在台湾管理情报部门，大搞特务政治。他在军队中大搞政工体系，加强对军队的控制，孙立人对此极为不满，与美国军事顾问一齐主张撤销，因此同蒋经国发生冲突。此后，亲美的孙立人被软禁，并清出军队。此为孙立人迎接麦克阿瑟将军。

1972年新旧台湾当局“行政院长”交接典礼，由台湾当局“总统府秘书长”张群监交，卸任“行政院长”严家淦与新任“院长”蒋经国分列左右。

1958年，蒋介石在大溪为宋美龄举办生日会，蒋与宋正合力吹灭蜡烛。

蒋氏喜仿古时封建皇帝微服私访，他常四处巡走，有时是蒋经国陪同，有时则私带卫兵巡防各地。每到一地，他的私好是任由随同的御用摄影师留影存照，这张在四明山中的留影照上，蒋氏的马褂令人印象深刻。

1960年11月9日，蒋母王太夫人百岁诞辰。蒋氏在台北设纪念堂追念母亲，并撰文发表以示纪念。蒋到晚年，似越发思亲追故，对祖制与家族事宜往往记挂心上，并数次追念仍在大陆的家人坟墓。据书载，早年，相信天命与风水的蒋数次派人去挖毛泽东的祖坟，毛泽东在国共交战中痛失几位亲人，而毛泽东却早以“老朋友”称呼他的对手。1949年，解放军解放溪口时，曾明令保护蒋家坟墓故居，蒋氏闻后半晌不语，他也许想起了在当年“剿共”时期，手下曾将毛泽东家人祖坟挖开的过激举动吧。

1960 年，原国民政府资政阎锡山大殓。这位退守台湾的山西土皇帝，在这个小岛上，已完全失去政治资本和威风，蒋对这位当年曾通电与自己决战的对手不吝赞赏之词。

1960年代，同样进入暮年的蒋介石，开始不断地出席同年代的对手或者政敌与故友的葬礼。这种晚年心境对于退守台湾的蒋来说，不啻于一种打击。1960年5月29日，陶百川葬礼，蒋亲赴极乐殡仪馆致祭。

1961年1月31日，蒋宋在官邸接见来台访问的美国报界考察团。蒋希望这些媒体可以再次为他争来他想要的美国经援。

蒋介石退守台湾后，一直把“反攻大陆”、“统一中国”当成台湾立军建军的“不可能完成的任务”。图为 1961 年 12 月 1 日，蒋介石在台北观看空军演习。

蒋介石检阅在台的空军。

蒋介石巡视前线，眺望大陆。

蒋介石视察第一核能发电厂听取工程简报。

蒋介石参观祭礼释奠预习。

1972年，在台湾举行的当局“国民大会”第五次投票选举中，蒋介石连任“总统”，前台湾当局“行政院长”严家淦则当选“副总统”。尽管依例蒋介石死后，严将继任“总统”，但由蒋经国组阁的“行政院”，实际上将党政军权已全部移交给了蒋经国。图为蒋当选后与严家淦宣誓就职。

蒋宋居家小照

蒋介石到最后成为了一个真正的基督徒，起初他是由于宋美龄的紧逼，到最后则已成为他的一个习惯。这张照片是蒋宋在士林官邸中，共阅《圣经》一幕，两人为配合摄影，还听从摄影师指挥，互相靠近，做了一个交流学习的姿态。

蒋宋已成为连在一起的某种象征。到台湾后，每逢有重要活动，宋总是会出现在前，并享受夫贵妻荣的排场与满足，图为蒋宋巡视陆军部队渡河攻击演习时的场景。宋虽已七十多岁，但仍风姿绰约。

戴传贤，浙江吴兴人，字季陶，号天仇。戴传贤早年留学日本学习法律，并参加革命。蒋介石抚养蒋纬国，但安排纬国称戴传贤为“亲伯”。蒋纬国长大后，饱受身世流言的困扰，曾亲自前去问戴传贤究竟是不是他的生父，戴未明说，只把镜子给蒋纬国，反问：“你说呢？”1949 年，戴传贤时任考试院长，当时国民党治理的中国，面临空前的混乱，戴传贤深感愧对苍生而痛楚，选择了自杀，震撼全国。后来在台湾，蒋纬国为了纪念父亲，特在东吴大学立“传贤堂”。

蒋纬国年轻时的留影。蒋纬国留德留美，为台湾的装甲兵部队打下深厚的基础，按理以蒋纬国的才智与学养，蒋介石应会逐步赋予他重大权位，然而蒋纬国的个性却使蒋介石感到不放心，蒋纬国个性过于外放，逢人笑闹，打成一片，朋友交太多，使蒋介石觉得他不够稳重深沉。而兄长蒋经国更不喜欢他锋芒毕露的公子哥腔调，因此，1964 年“湖口事件”之后，蒋介石和蒋经国正式冻结蒋纬国的政治生涯，将他逐出权力核心。蒋纬国以闲云野鹤的心情，当了 14 年中将，才在宋美龄向蒋经国说项之下升为上将。

蒋经国任“国军退除役官兵辅导委员会主任委员”时，负责横贯公路开辟工程。工程进行中，蒋经国请动蒋介石与夫人前往视察，在公路边上的一帧合影。图片上的蒋穿一件夹克，这对于服装非常讲究的蒋介石是极其少见的事。据说，这套夹克为蒋经国所送。

蒋介石晚年最喜静坐湖边，凝神沉思，此际老人暮年，蒋似心境淡泊。

蒋介石游乌来时与随侍的蒋经国合影。

右图上的蒋介石身边置放着一个巨大的地球仪，晚年的蒋据称常在这个地球仪上凝视大陆的那一块故土，甚至用放大镜观看故乡。

在 20 世纪初救亡图存的年代，胡适以 30 岁之龄推动白话文运动，提倡自由、理性、科学等。其思想的核心便是理性与实证，其名言为“有一份证据讲一份话”，“多谈问题，少讲主义”。这种思维讲究经验和证据，主张渐进式的变革，反对先验的完美主义和乌托邦。

思想的角度与差异缓冲到政治之后，往往会决定一个人的方向与立场。胡适作为务实派最重要的代表，在面对政治与现实无力之时，即使在历史转折的危亡之秋，胡亦未能改变自己自由派立场。他写信给李宗仁，鼓励他出来竞选副总统，相信民主宪政是挽回时局的惟一方法。同时又婉拒了蒋介石有关参选总统的邀请，因为他相信不当官，而以独立知识分子发出声音亦更能贡献国家。

而即使作为一个独立知识分子，胡适也只能在现实政治的泥潭里迂回，甚至沾染污垢。而他与蒋介石间的恩怨与互依互动，也成为 20 世纪较为重要的独立知识分子与政权间的一种新关系的样本。

1948 年的国民大会政治选举日后证明为一场灾难。国民党并未透过这场选举赢得民心，反而加剧了内部派系矛盾，蒋介石的领导威信更差。但即使如此，蒋并未动摇对胡的敬重与信任。1948 年 12 月 14 日夜，北京已处于解放军的包围中，蒋介石于翌日派专机接胡适夫妇和几位学人及眷属南下。17 日，蒋氏夫妇在南京官邸请胡适夫妇共进晚餐，并为胡过生日。在中原动荡、江山易手之际，胡适手中并无兵将，蒋介石仍对他百般礼遇，胡适也以充分的政治支持作为回报，这也使胡适与代表中国进步力量的中共的距离越走越远。

江山更替与局势变易，相反使胡适更近地走向了蒋氏，并违背了自己做一个独立知识分子的承诺，走上政坛。

1949 年，胡适由中国赴美讲学，国民党退守台湾，为站稳脚跟，开始进行党政军的组织改造。主持改造计划的是斯大林时期留苏 12 年，曾为俄共预备党员的蒋经国。国民党由此选择走上第二条路。平心而论，任何一个经历失败并处于弱势的政治集团都很容易走上第二条路，不过这段历史也决定了胡适在其人生最后旅程的动向，他的民主宪政的理念出现了新的现实意义。1951 年 5 月，他给蒋介石写了一封长信，劝其考虑“国民党自由分化为几个独立的政党”，而且第一件事便是“蒋介石辞去国民党总裁”。1952 年 9 月，胡适再寄一封长信给蒋，直言“民主政治必须建立在多个政党并立的基础上，而行宪四五年来并未能树立这个基础，是由于国民党未能抛弃党内无派、党外无党的心理习惯……言论自由不是宪法上的一句空话，必须由政府与国民党明白表示愿意容忍一切具体政策的批评……”这年底，蒋介石邀请胡适到台湾讲学，并在公开场合发表演说，这样的演说内容多少反映东西方强烈对峙的世界局势。不过在与蒋的私下会晤中，胡又有另一番陈词。

胡适在 1953 年 1 月 16 日的日记中披露：“蒋公约我吃饭，七点见他，八点开饭，共谈了两个钟头，我说了一些逆耳的话，他居然容受了。我说，今日台湾实无自由，第一无

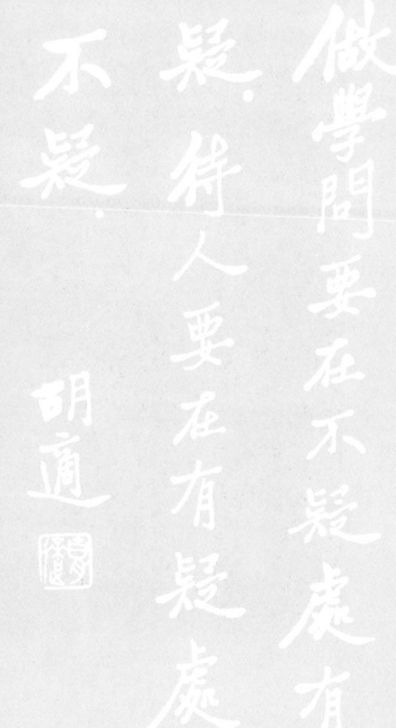

人敢批评台湾警备司令彭孟缉，第二无一语批评蒋经国，第三无一语敢批蒋“总统”。所谓无言论自由，是尽在不言中也。而‘总统’屡次加刑，是违宪甚明。然整个政府无一人敢向‘总统’如此说。最奇怪的是，他问我，召开“国民大会”有什么事可做？我说：‘当然选举总统与副总统……’他说：‘请你早点回来，我最怕开会。’这最后一段话颇使我惊异，难道他们真认为可以不要宪法了吗？”

1958 年 4 月，胡应蒋介石之邀到台湾定居，并恢复最高学术单位“中央研究院”。胡适由此开始了其在台湾的四年生活。

胡适在台四年，一直以私谏的形式试图达到改变蒋介石的目的，同时也以具体行动支持言论自由的主张。其中最重要的便是《自由中国》杂志，后来甚至酿成国民党撤守台湾后最

蒋介石与“中央研究院”院士及来宾合影。左三坐者为院长胡适。

大的政治案件。1947 年底，自由派的国民党高层人士雷震任行宪“国民大会”秘书长，负责各党派的协调沟通，受到蒋的信任。1950 年，国民党进行改造，雷震深入参与各项筹划工作，希望透过国民党的民主化收揽人心。他邀请了胡适等人创办《自由中国》杂志。以30 年代中国自由派知识分子的立论与风格，渐成言论自由的重镇。雷震主张废除学校三民主义课程和军队党部，不过却为蒋经国严斥，蒋介石也对此公开谩骂。

但雷先生却一意孤行，言词越来越激烈，要将原本的清议变成权力重新分配的具体行动，这就逾越了当局的容忍度。胡适就职后，就地利之便，对雷的声援有增无减。他对此主张虽无公开表态，但却透过张群先生代转蒋介石他的见解：希望蒋能树一个“合法的和平的转移政权”的风范。但这些话并不能改变政治现实，蒋介石仍然强行连任“总统”。雷震等人已不甘于空言改革，而是要以政治组织的形式挑战国民党的执政地位了。1957 年，《自由中国》开始讨论地方自治问题。不过此举也意味着与国民党当局已接近摊牌的时刻。1960 年 10 月4 日，蒋介石终于下令逮捕雷震。雷被以“连续以文字为有利于叛徒的宣传”等明目张胆的陷害，判其有期徒刑 10 年。《自由中国》遭停刊。

轰动一时的雷震案与《自由中国》事件，使胡适十分痛心，甚至愧疚。尽管他也曾劝雷在言词与行动上，稍微温和一些，但他毕竟是杂志的挂名顾问，直接支持和鼓励雷争取言论自由的行动。案发后，胡适一直等待时机面陈蒋介石。11 月 18 日，他趁着向蒋报告学术会议的状况一吐为快，两人甚至一度出现争辩。胡适在其日记中披露的这段经历，多少反映了自由派学人在民主思想与实践之间的两难，其深刻意义尚需要长期观察之后才能为人理解与体会。

1962 年 2 月 24 日，胡适以“中央研究院”院长的身份，在该院蔡元培纪念馆举行酒会，同时欢迎新院士的加入。胡适的心情很好，他说:“现在我们在此处，可以看见物质进步的情形，可是刚迁来时，院子连张放书的桌子也没有，一直到近六年，得到帮助才慢慢恢复……”胡适继续说，“我们十几年，在孤岛上，离群索居，在物质的困难、精神的困难之下，还做了一些工作……”回顾过去展望将来，胡适显得相当兴奋，刺激到心脏。酒会结束后，胡适仍与友人边走边交谈，不到五分钟，胡适突然昏倒在地，已向外走的院士和宾客们又纷纷赶回。现场的台大医学院长魏先生为他施行人工呼吸，注射药剂，然均告罔效。晚上七点多，胡适被告不治。

1962 年 3 月 2 日，胡适葬礼，送殡的各界人士达五万人。10 月 15 日，胡适安葬于台湾南港“中央研究院”大门对面的山坡上，这是入秋以来最凉的一天，细雨纷纷，万余人陪伴着灵柩出殡，亲朋好友黯然神伤。这位中国现代史上的大学者的墓碑上刻着 ：

“这个为学术和文化的进步，为思想和言论的自由，为民族的尊荣，为人类的幸福而苦心焦思、敝精劳神以致身死的人，现在在这里安息了。我们相信，形骸终要化灭，陵谷也会变易，但现在墓中这位哲人所给予世界的光明，将永远存在。”

宋美龄往访胡适遗孀。

蒋氏吊祭胡宗南。

1972 年，胡适博士逝世 10 周年，其铜像竖立在墓园内 。

年已 85 岁的蒋介石同年遭遇车祸，健康状况陡降。“后人曾间接征询他对胡适博士使用的真实意图，传蒋一语不发，这种奇特的独立知识分子与当权者间的游戏，对于他来说，最大的可能是政治，也只能是政治考量，除此之外，知识分子的命运别无他途。”《时代》周刊在评价这一事件时，如此评论。

每年 10 月 10 日，是谓“中华民国国庆”，每次蒋都藉此作为一个政治秀场，以彰显其个人专制之力。

1963 年 1 月 30 日，台“外贸会主任委员”尹仲容之丧，蒋宋夫妇同赴之葬礼，亲临吊祭。当年随蒋赴台的大多数国民党大老，均已作古。

自得

中正题

生活的目的在增進
人類全體之生活
宇宙繼起之生命
生命的意義在創造
蔣中正

其介如石

中正
四十五年十月廿一日

蒋站于办公室内，背后的座右铭“生活的目的在增进人类全体之生活，生命的意义在创造宇宙继起之生命”是他最欣赏的两句话。

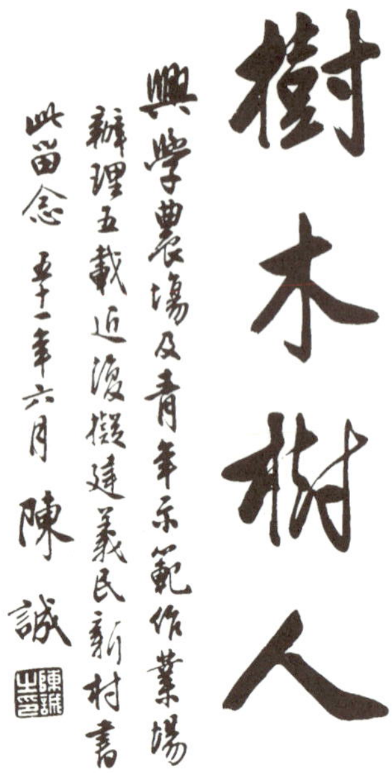

1965 年 3 月，陈诚因肝癌病死于台北。从黄埔时期，直到退守台湾，陈一直是蒋介石专制统治几十年少有的亲信。陈死后，蒋题挽联云“光复志节已至最后奋斗关头，那堪吊此国殇，果有数耶，革命事业尚在共同完成阶段竟忍夺我元辅，岂无天乎？”

1966 年，桂系三巨头之一的白崇禧退守台湾十多年后，病死于台北。蒋介石在其死后，前往慰问遗族，这对多年的冤家对头，终于不用再斗。

1966年，蒋介石召见时任“国防部长”的俞大维。俞在军中资历甚深，长期涉足国民党军中的军购与装备工作，曾于马歇尔将军来华调处国共冲突时，参与和谈，与周恩来交际。后于台海危机时，蒋介石任命其为“国防部长”，首开文人任此职先河。俞是国民党中较少见的有创见的军事专家，俞与蒋家交际深远。斯时会见后，俞出任“总统府资政”，将“国防部长”一职交予蒋经国，但其后两人竟成为亲家，蒋经国最喜欢的女儿孝章其后嫁与俞之子，成就了一段姻缘。

这是一幅蒋氏夫妇恩爱生活的象征性的照片，被各种出版物大量引用。图片上所称，蒋常喜站在夫人身后看画，有时喜欢故意逗弄她，好让她出错。这种家庭情趣，在晚年的蒋氏夫妇，像一坛酿了多年的老酒，愈老愈醇。

蒋氏夫妇的情感属于老而弥坚那种，到台湾后，他们才似乎真正开始了一种相随相伴的恩爱生活。这也是两个人除了在饮食与夜生活中不能同步的问题外，少见的一致。两人时常在自己的官邸莳花弄草。

宋美龄到台后，雅好艺术，50 年代即延请黄君璧、郑曼青等名师习画，并亲炙故宫名画。每次作画完毕，蒋介石都会在作品上题字。这是宋与蒋展示自己刚完成的一幅作品。

宋美龄画作，繁花片片含秋情 。

宋美龄与蒋介石同游日月潭后，宋乘兴绘制此图，蒋则题字唱和，以纪此事。

蒋介石为狗喂食。蒋晚年喜养狗，逗弄宠物。其自得之情，常溢于言表。

蒋介石在剪贴资料。

在郊区阅报。

在台时的蒋介石，临潭远眺话家常。

宋美龄经年抽烟，瘾极重。这是一幅极少见的宋氏抽烟图。

蒋宋生活雅影。蒋少见地把手放于宋的肩上，嬉乐之表情迥于以往。

1947 年 4 月，蒋介石及夫人与蒋经国全家在溪口合影。

蒋介石常喜含饴弄孙。每到周末，“士林官邸”就会洋溢出别样的喜庆之气，三个孙子蒋孝文、蒋孝武、蒋孝勇都会聚拢在爷爷身边。下图是蒋氏家族常见的温馨一幕，蒋氏给三个孙子分水果。三个人中，最受祖父器重的是蒋孝武，走在前面的最小的则是号称“祖父开心果”的蒋孝勇。每次这个洋娃娃式的小孩子，都能逗得蒋乐不可支。

蒋介石夫妇庭院散步。

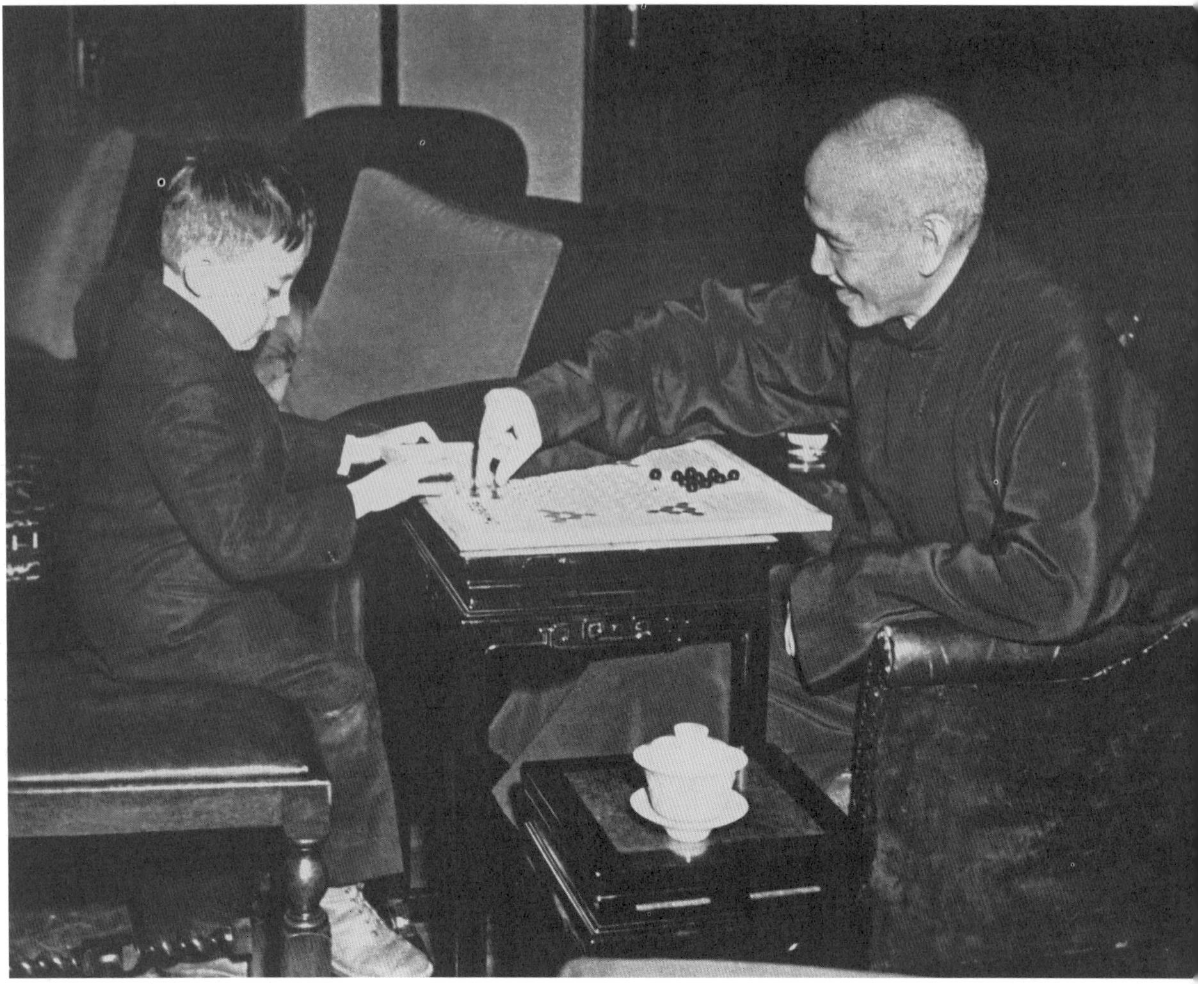

蒋介石常喜与孙子蒋孝勇下跳棋。这成了蒋氏晚年中最大的愉悦项目。每次蒋氏都会帮孙子摆好棋，极有耐心地与之博弈。

1961 年，蒋家第三代中的曾孙女友梅出世。宋美龄这个一生没有生育的人，处处把蒋家的孩子当成自己的亲生子女。图为她与蒋介石逗弄孩子。

蒋挽宋手臂，对妻子呵护的姿态，已成蒋宋晚年出游的招牌动作。而这也成为这对政治夫妻留给人们最深印象的一幕。

蒋介石在海滨与公子纬国及二孙合影。蒋虽疼纬国，然在经国大事上，仍选择了蒋经国。而蒋经国则在抵台湾后，对于这位弟弟百般重压，不让其出头，这也促成最后蒋纬国一反常态，说出"爸爸哥哥真伟大"的过激之语。然其与嫂子蒋方良互动良好，平时有事，均会与嫂子沟通，反倒与自己的哥哥隔了一层。

1960年代，蒋氏家族在台北“士林官邸”的园林春游，留下这张全家福照片。蒋介石与宋美龄端坐中间，右边蹲着抱着孩子的为蒋纬国，后排右起为蒋经国的长公子蒋孝文、蒋孝文的妻子徐乃锦、蒋经国、蒋方良、蒋纬国的夫人丘爱伦、蒋经国的女儿蒋孝章。“士林官邸”位于台北阳明山下，林木茂密，鸟语花香，加上几座颇具特色的古典建筑，为台北胜景之一。过去“官邸”花园为蒋氏一族所专用，现已对公众开放，每到假日，游人如织，为台北极佳的绿化地带。

1970 年 1 月，蒋巡视赤嵌楼。

1971年10月，第26届联大正式恢复新中国在联合国合法席位。图为国民党当局“外交部长”周书楷宣布“中华民国”退出联合国、步下讲台一幕。国民党当局被逐出联合国，整个台湾弥漫着失败主义。社会不安情绪滋长，蒋家治下的台湾，出现了因政治不自由与失败情绪下衍生的怀疑主义，政治事件接踵发生。

这张两位所谓的蒋家第一夫人的合影，也是宋美龄与这位长媳妇的公开的惟一一张合影。在台北，蒋方良是位低调的第一夫人，因为在这个家族里，惟一敢于称自己为第一夫人的，只有宋美龄。

美国《时代》杂志为蒋拍摄的一幅显然是摆拍出来的图片。这幅图片试图表达的是摄影师眼中的蒋氏常人平凡一面。蒋宋各摆一局中国象棋与两位孙子孝武、孝勇博弈。蒋宋身边各坐一位。画面简洁，这是一幅极少见到的蒋氏居家图片。

老年蒋介石拄着手杖坐在竹椅上，留下这帧台湾人熟知的照片，

蒋介石的健康状况，直到 1972 年 8 月的一场意外的车祸才急速下降，蒋介石的座车被一名少将的座车撞上，使蒋必须接受长期治疗，不堪其苦。

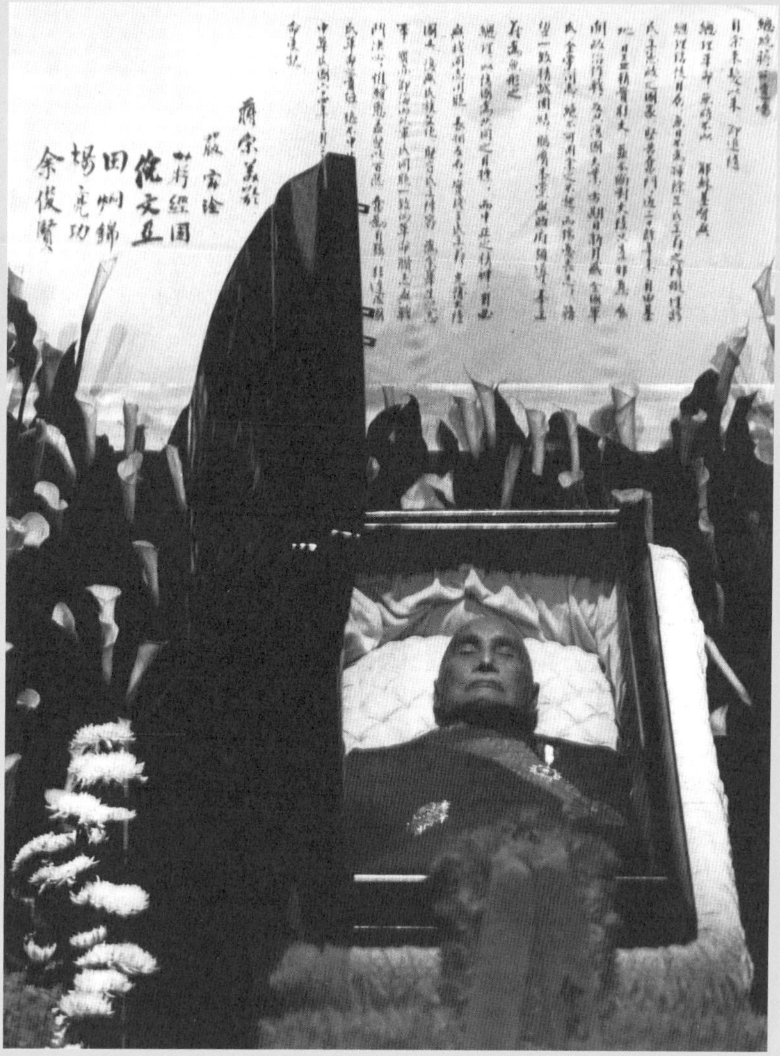

1975年4月4日深夜10点左右，士林官邸突然起了一阵骚动，卫士们慌忙地跑进跑出，这一场慌乱一直持续到午夜12时左右才终于停止。不久，宋美龄凄厉的哭嚎声就从官邸里传了出来，狂风骤雨中，蒋介石走完了他的一生，享年88岁。蒋介石原本是肺炎复发而住进“荣总”治疗，经诊治后略有起色，当天还询问蒋经国的工作情形，未料，在4月5日凌晨，因心脏病突发而病逝。在蒋介石病逝后的半个小时后，“副总统”严家淦领“五院院长”赶赴官邸，宋美龄当着众人的面，为蒋介石立下遗嘱，他的遗体就被送往“荣总”的太平间。

宋美龄领蒋经国及诸多家人，最后瞻视蒋氏遗容志哀。

蒋介石的死代表了一个时代的终结，同时震荡整个台湾省。台湾一下子停滞了下来。他的死在全球引起不一致的评价。北京的《人民日报》发表了一则著名的消息：蒋介石死了。美国的《时代》周刊，则以“蒋介石：牺牲品的死亡”为题，发表讣告。这篇文章评述蒋：“40年代初期，正值日本侵华的最疯狂时期，蒋介石写了一本书，名为《中国之命运》，关于中国过去的‘耻辱’与未来‘重建’。但他更应该把这本书定名为‘我的命运’。他看不出自己的命运与这块他统治了二十多年的辽阔、散乱、贫穷的土地的命运有什么区别。这位身材消瘦、充满抱负的战士一生征战南北，虽然最后失败了，但他根据个人的构想塑造了历史。上周他因心脏病在流亡地台北病逝，终年88岁。蒋介石在这个时候死去是再适合不过了。对他而言，印度支那反共力量的失败让他觉得，在不可避免的长期的反共运动中，反共力量在逐渐失去亚洲，而他则是这个运动的第一个牺牲品。”

在台湾，流亡的国民党在经济上比在政治上有更大的作为。他们反对台湾人民寻求自治的愿望。但土地改革，以及后来对外资的成功吸引，使台湾成为继日本之后，亚洲发展速度第二快的地区。1972年，美国总统尼克松访问北京引起了台湾的不满与焦虑。从那以后，美台关系就稳定下来；即使不像以前那么密切，但彼此之间仍十分殷勤。蒋在他生命最后两年时间里，健康每况愈下，甚至不在公众场合露面。但直到他死的时候，蒋介石仍然是“中华民国”的“总统”。即使在1971年台湾当局被逐出联合国之后，他也拒绝了所有妥协的尝试。只要他活着，“光复大陆”的计划就会存在下去，用他的话讲：“不可动摇之国家决心。”当世界开始寻求与他的敌人北京发展新关系时，他也决不妥协，因此，世界只有放弃他。

蒋经国扶持宋美龄送灵。蒋介石年老之后，把许多台湾当局“政府”的具体工作交给了他的儿子蒋经国。自从 1972 年被任命为台湾当局“行政院长”后，蒋经国已经有效地掌握了台湾当局“政府”。他为人强硬、务实，大力清除了他父亲的老卫戍部队内部的腐败，把国民党权力阶层内的高级职务向台湾本土开放。他的父亲要重新“光复大陆”，而他已经悄悄地把这种堂·吉诃德式的圣战束之高阁。他现实地把自己定位在成功实现台湾的现代化进程中。

The New York

NEW YORK, SUNDAY, APRIL 6, 1975

Chiang Kai-shek Is Dead in Taipei at 87;
Last of Allied Big Four of World War II

U.S. AIRCRAFT
FLY 900 CHILDREN
OUT OF VIETNAM

1975 年 4 月 6 日《纽约时报》以首页篇幅刊载蒋介石死讯，新闻内页另有讣闻传记，主笔惠特曼撰写了两个全版的蒋氏生平。

蒋出殡之日，全台湾举行所谓的“国葬”，哀极一时。

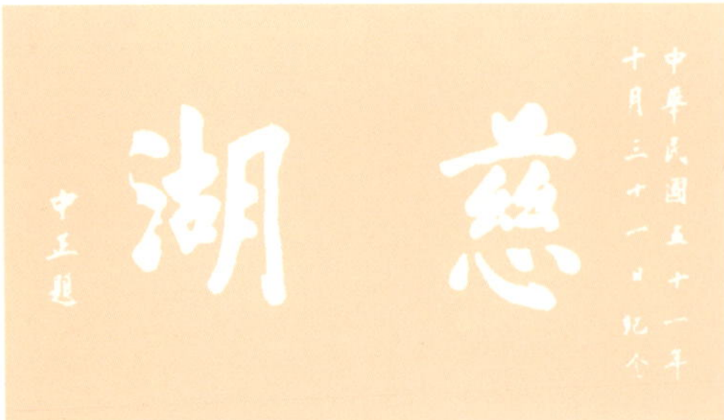

1961 年前后，蒋介石前往桃园复兴乡角板山，经过大溪一带青山翠谷，觉得与故乡溪口相似，喜爱非常，因此建造一栋富于大陆风光的四合院宾馆，古色古香。为了纪念慈母王太夫人，特在门楣正中，悬以亲书“慈湖”的木匾，并奉太夫人图像于其中。蒋介石于闲暇时常携夫人来此小住。不想此地日后却成他灵柩长期停放之地。

蒋介石生前的佩剑。

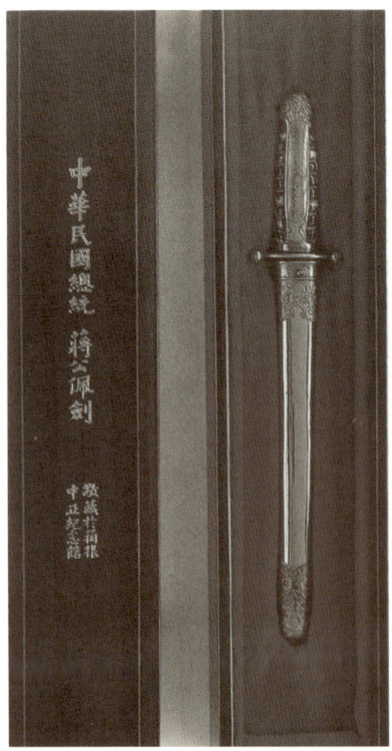

蒋介石灵堂。

蒋介石大殓时所佩挂的最高勋章。

蒋介石最后的遗照。照片上的蒋不复以往的刚愎、凌人气势，相反，岁月早就改变了其政治容貌，这副慈眉善目的模样，已是一位远离人世纷争的落叶老人而已。

第八章

无可奈何身后事 小蒋缔造台湾繁荣 宋美龄告别人间 两蒋移灵终成空

蒋经国强势主政，缔造台湾繁荣

1975年4月5日，蒋介石因心脏病过世，蒋经国并没有立即接班，而是循“宪法”由当时的副“总统”严家淦继任，但由蒋经国担任国民党主席。直到1978年“总统”改选，蒋经国才由“国民大会”选为台湾当局第六任“总统”，并于5月20日就职。就在蒋经国登上政坛最高峰之际，同年12月15日，美国总统卡特宣读中美建交联合公报，并宣布1979年元旦与台湾“断交”。

台湾地区与美“断交”事出突然，美国驻台“大使”昂格尔直到15日凌晨才匆匆接获来自华盛顿的指示，要将中美建交联合公报和美方声明面交蒋经国。当时蒋经国早已就寝，时任蒋经国秘书的宋楚瑜感觉事情不单纯，毅然决然将蒋经国从睡梦中叫醒，此时距离卡特宣读中美建交公报只有几个小时。

岛内外形势虽然险峻，但在蒋经国强势主政下，却也克服了重重困难。随着台湾经济发展，台湾人均所得成倍增长：1972年——石油危机前一年，台湾人均所得是482美元；1988年——蒋经国过世当年，人均所得已达5829美元。20世纪80年代的台湾，与韩国、香港、新加坡并列“亚洲四小龙”，意指亚洲发展最快的四个区域。

在蒋经国执掌大权的过程中，他最受人肯定的特色就在于“用人惟才”，不看人的家世背景，所以包括孙运璇、李国鼎等技术官僚都能一一执掌重要工作而出头。除此之外，蒋经国也是率先提倡重用台籍精英的当局高官，在他“吹台青”的政策方向下，包括李登辉在内，一批批高学历、形象清新的台籍青年进入国民党政权机构工作，缓和了岛内的省籍纠纷。省籍平衡原则更延续到蒋经国执政后期，因此出身农业学者的李登辉才有机会一跃成为蒋经国提拔的“副总统”，并在蒋经国逝世后执掌“大权”。

此外，在蒋介石身故后，长年来对国民党当局政策有绝对影响力的宋美龄，也主动让位给执掌大权的蒋经国。1975年9月，宋美龄以身体需要静养为理由，搭乘“中美”号离开台湾赴美国定居，连次年蒋经国“总统”就职大典也未参加，持续住在纽约长岛蝗虫谷的住宅，宋美龄之后虽然也曾多次来往台美之间，却不再过问“大政”。

“我是台湾人，当然也是中国人。”以高度弹性的政治智慧，开放“党禁”、探亲

在政治、经济稳定后，蒋经国也终于在政治改革上逐渐放手，例如岛内各项公职选举一步步开放，有越来越多台籍精英借选举成为知名人物。

1986年9月28日，党外人士在由孔宋家族一手建立的台北圆山饭店宣布成立民主进步党，其时“党禁”尚未解除，形成对当局的重大挑战。国民党内大老多以叛国行为视之，健康情形已大不如前的蒋经国却意外在官邸表示“时代在变，环境在变，潮流也在变”，指示警备总部避免冲突，并由新闻局起草声明，称组织新政党的问题已经在研究中。但小蒋无法预料的是，这个他默许成立的所谓民进党，最后却成为蒋家两代强人反对的“台独”的发起者，这也是后话。

1986年10月15日，国民党中常会听取有关取消“戒严令”和“开放党禁”的研究结论。1987年7月正式“解严”，次年元旦解除报禁，虽迟至蒋经国过世后才由“立法”院完成“动员戡乱时期人民团体法”，正式解除“党禁”，但自民进党宣告成立后，宣布成立或筹组的政党已有二十多个，“党禁”于实质上早已解除。

除此之外，在两岸交流的推动方面，也仰赖蒋经国的开明作风，逐渐化解了国民党内的强烈反弹。例如1979年，在中美建交后不久，全国人大常委会发表“告台湾同胞书”，建议举行国共谈判，结束两岸敌对，完成统一大业。叶剑英也在1981年9月30日提出“叶九

条”以及“一国两制”的主张，希望尽快推动两岸统一。在和缓气氛下，蒋家祖坟不但被修复，廖承志也亲自托人致函蒋经国，希望共弃前嫌，达成国家统一。

在维持台湾军心稳定的考量下，身处国民党当局重要位置的蒋经国当时只能公开拒绝与中共谈判，并提出“不谈判、不妥协、不接触”的“三不政策”，也就是坚持“反共拒谈”的立场，不过这仍指的是官方层级的接触问题。事实上，具有高度政治弹性的蒋经国不但公开强调，“我是台湾人，当然也是中国人”，还透过新加坡前总理李光耀在他与邓小平之间传话；他还同意技术官僚的看法，为两岸工商投资与交流放行，甚至同意以“中华台北”名义从事国际活动，在两岸进行体育与文艺活动交流。

1987年9月14日，主张开放的蒋经国同样抵挡了国民党内的保守力量，决定“基于人道原则，开放大陆来台人民回大陆探亲”。但为了对党内保守人士有所交代，他也安排了台湾当局的“三不政策”不变，“回大陆探亲纯为民间私人行为”，大胆地一刀将开放探亲视为人道的弹性措施，而非调整大陆政策。这个突破性的决定，终于让中断近四十年的两岸重新有接触的机会，展开两岸关系正常化的进程。

“蒋家人今后不能也不会参选‘总统’。”蒋经国此言与随后的辞世，终止了“蒋家王朝”的统治命脉

虽然表面上蒋经国喊宋美龄“阿娘”，宋美龄喊蒋经国“经国”，颇有母子情谊，但外界多认为，蒋介石在世时，小蒋已经将“夫人派”人马打压得差不多了。

1975年老蒋过世后，宋美龄即离开台湾长住美国，外界也多将其解读为母子芥蒂未除。此时的蒋经国早已实质接班，但每遇重大事件，蒋经国仍会礼貌性地向宋美龄请益，例如蒋经国在挑选“副总统”人选时，宋美龄曾建言“慎重考虑副贰人选”，她提出的条件是“对吾党宗旨深切服膺”与“坚持执行复兴大业”者。后来蒋经国选的副手是李登辉。宋美龄常向人说“经国主政，我不便再插手干涉”，即使她对李登辉有意见，最后还是尊重蒋经国的布局。

政坛充斥小蒋与夫人不和的传闻，蒋经国并非完全不知情。1986年蒋介石百年诞辰时，蒋经国可能认为此时宋美龄再不返台致祭，将坐实他们母子不和的传言，因此派三子蒋孝勇到美国邀夫人返台。

对蒋经国而言，孝武个性冲动，女儿孝章因婚姻之事长年避居美国；个性较内敛的幼子孝勇成为最适合的接班、襄助政务的人选。据蒋经国的副官翁元回忆，每周二、五是蒋孝勇向父亲报告各种公私杂务的日子，也因为可“上达天听”，敏锐的“官场”人士纷纷向太子靠拢，蒋经国也安排许多青年才俊，与蒋孝勇有较多的合作与互动机会。但无论如何，蒋经国晚年一句“蒋家人今后不能也不会参选‘总统’”，终究终止了“蒋家王朝”

的命脉。

此外，虽然有名医组成医疗小组为蒋经国诊治，但由于他任性不忌口、嗜甜食的结果，引发视网膜剥离左眼失明、肾脏病和双腿肌肉坏死等多种并发症。1987年8月26日，经医师再三劝说，蒋经国首次坐轮椅主持国民党中常会，首次证实他的健康状况已大不如前。尽管如此，空闲时蒋经国仍喜欢到台北近郊的阳明山和关渡等地兜兜风散心，发呆沉思。

蒋经国的副官王文皓在接受台湾《联合晚报》访问时透露，在蒋经国过世前不久(1988年1月6日)，蒋方良气喘病发作，情况严重，但她不愿离开已经病到站不起来的夫婿去住院。为了劝蒋方良去医院，蒋经国坐着轮椅，决定陪蒋方良住院，在“荣总”病房，一人一间。蒋方智怡说，婆婆长年为气喘病所苦，1月6日那次气喘发作时，其实状况比公公更不好。未料蒋方良出院后不久，1988年1月13日，蒋经国病逝于七海寓所，享寿78岁。

望尽世纪之旅，宋美龄告别人间；两蒋移灵胎死腹中

蒋纬国、蒋孝勇同样因病过世，对宋美龄、蒋方良带来更大的打击，蒋家几乎全盘移居海外，不再过问政事，相关争议在台湾社会终于也不再起波澜。宋美龄稍后也透过在美照料生活的侄女孔令仪对外表示，包括蒋纬国在内的蒋、孔、宋家人物，在大陆情况未变前不宜归葬故土，终于了结此前由蒋纬国们发动的反对李登辉的“两蒋移灵大陆公案”。但关于蒋家期待蒋介石能与孙中山一同归葬中山陵的想法，则还在广泛争议中，无法获得肯定的答案。

2003年10月，宋美龄在纽约东八四十街格莱西广场寓楼于睡梦中长逝，安详地告别了历史舞台，终年106岁。宋去世的消息，引起全球华人社会的悼念与追思。全国政协主席贾庆林在唁电中称：宋美龄女士是中国近代史上有影响的知名人士，她曾致力于中国人民抗日战争，反对国家分裂。

宋去世后，葬于纽约芬克里夫墓园。宋一生未立遗嘱，亦无遗言，也没有留下口述历史和回忆录，更无私人秘档留世。一生看遍人世苍茫的宋美龄，不著不述，是中国历史上一个永远无法弥补的缺憾。

蒋氏一族，至此正式退出历史舞台。在近百年之中国历史中，蒋氏背影模糊，但又影响非凡。时至今日的两岸相持及至统一问题的争拗仍源于蒋介石当年的意气与选择。中国正面临千年未见之大变局，而大历史格局中的蒋介石，经过时间的淘洗，正在变成历史，也在变成某段故事中的某段箴言，供后世观叹，也供后世在其巨大的争议声中，寻求他的历史定位。

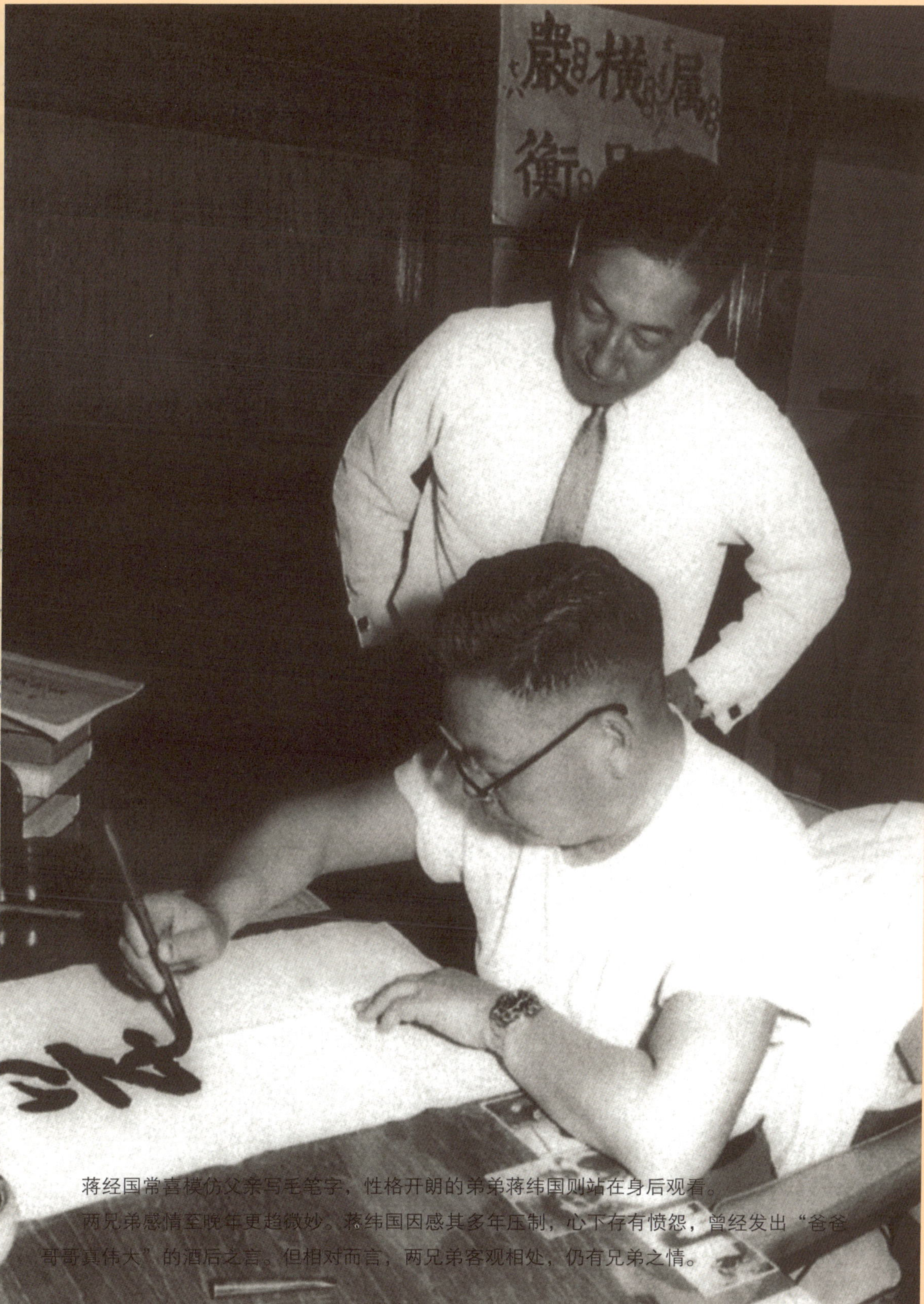

蒋经国常喜模仿父亲写毛笔字，性格开朗的弟弟蒋纬国则站在身后观看。

两兄弟感情至晚年更趋微妙。蒋纬国因感其多年压制，心下存有愤怨，曾经发出“爸爸[illegible]哥哥真伟大”的酒后之言。但相对而言，两兄弟客观相处，仍有兄弟之情。

蒋介石的长子蒋经国，幼名建丰，号经国。1925 年，蒋经国远赴苏联，进入莫斯科中山大学，同年 12 月加入苏联共产主义青年团。1928 年毕业之后，进入列宁格勒的苏联红军军政学校。1930 年从军政学校毕业后，任中国留学生辅导员。1931 年到 1937 年期间的蒋经国，成为一名共产主义基层劳动者。他曾被分配到莫斯科郊外的电机工厂劳动，在西伯利亚成为开采金矿的矿工，担任重型机械工厂技师、重型机械工厂副厂长。1935 年，与毕业于技术学校的白俄罗斯女孩芬娜（蒋方良）结婚。

西安事变发生后，促使苏联在利益的棋盘中，再次重新选择与蒋合作。这次合作使在苏联多年的蒋经国得以回到中国。1937 年，蒋经国带着妻子蒋方良和儿子蒋孝文返回故乡中国。

在蒋介石安排下，蒋经国在 1938 年 1 月，带着蒋方良、蒋孝文、蒋孝章，出任江西省保安处副处长兼新兵督练处处长、青年服务团总队长，次年改任江西省第四区行政督察专员兼保安司令及赣县县长，从此到 1945 年赣南沦陷为止，蒋经国始终在江西与重庆之间来回穿梭。

1949 年元月，蒋介石下野回到奉化，蒋经国随侍在侧。1949 年 4 月 7 日，蒋经国陪父亲到祖父蒋肃庵墓前拜别，其后情势急转直下，国民党当局带着两百万军民撤守台湾，父子俩从此再也没有回到大陆。蒋介石在“转进”台湾过程中，不断赋予蒋经国参与重大军事决策的权力，包括 1951 年 5 月舟山、海南撤退，1955 年大陈岛撤退，蒋经国都是坚持到降完旗，乘最后一艘船离开。来台初期，蒋经国更多次出入金马前线，巡视阵地内防务，稳定军心。

在蒋介石的授意下，号称“蒋家天下陈家党”的陈立夫兄弟，在国民党迁台后率先被驱离政治核心，两人黯然离台赴美定居，为蒋经国执掌党务系统铺好了坦途。蒋经国也在赴台后，领衔主持、参与党务改造工作，展开党员党籍重新登记清查，凸显了他在国民党体系的重要性与主导性。

在政治上，随着军事将领陈诚因为肝癌失去接班的机会，蒋介石也安排由技术官僚出身的严家淦接任陈诚的“行政院长”职务，形成技术官僚执掌国民党政权机构的惯例，显示年近八十的蒋介石，已然把蒋经国当做惟一的接班人加以栽培，不容其他军系将领干涉接班过程。1965 年，蒋经国接任台湾当局“国防部长”，1969 年再升任台湾当局“行政院副院长”。

1972 年，蒋经国出任台湾当局“行政院长”，接班态势已经十分明显。

蒋经国在领队踏勘中部横贯公路路线时，充分展示其平民风格，与大家同吃住，根本无法看出其是蒋家“太子”与身居要职的感觉。图为乘坐吊篮通过山谷。

国民党去台后起初的十多年，屡将对大陆的袭扰活动当作自己反攻大陆的主要手段。蒋经国与驻守东沙岛上的蛙人合影。东沙岛最初曾被南亚数国声称拥有主权，但蒋经国均对此置之不理，誓卫国家统一。

中横公路历时四年完成，其间蒋经国多次前往中横为工程人员打气。他的招牌就是比工程人员还能吃苦。这是他在工间与工程人员一同进餐。其并不讲究的风格，使工程人员深为感动。

蒋经国曾数次访问美国。1963 年 9 月，他再度访美，会见肯尼迪总统，期望与美国关系有新的进展。

金门炮战期间，蒋经国亲临前线为中外记者说明战争进行情形。

1965 年 1 月，蒋经国接任“国防部长”后与诸位同仁欢送卸任“部长”俞大维步出“国防部”。

（上）蒋经国就任“总统”之初，台湾党外势力活动兴起，台湾省更爆发了声势浩大的“美丽岛事件”。蒋经国在处理此事时，采信多方意见，决定以“不流血”为原则，下达了“以法制暴，以理解惑，以德化怨”的行事准则。这也使得蒋经国在推动“本土化”“民主化”的“和平改革”过程中，没有让台湾因此失去任何生命。

图为美丽岛事件侦查完毕，黄信介等八人以涉嫌叛乱罪被提起公诉。

（下）1984年10月16日，旅美作家江南在住处遭人枪杀。此案经美国警方针对政治谋杀案方向调查后，于当年宣布黑帮分子陈启礼等涉嫌。江南案事起他撰写的《蒋经国传》一书，坊间传说本书引起蒋经国震怒，才导致江南命案。图为因江南事件被逮捕判刑的陈启礼。

蒋介石过世后，蓄须戴孝的蒋经国时任台湾当局“行政院长”，蒋经国在父亲逝世当天的日记中提到最后一次探病时：“当儿辞退时，父嘱曰：‘你应好好多休息。’儿聆此言，忽有说不出的感触。谁知这就是对儿之最后叮咛。”蒋经国遂以悲伤理由向台湾当局中常会请辞，自然不获批准。为巩固领导中心，严家淦谦辞党主席，中常会继之以“衔哀受命，墨绖从事”八字，慰留蒋经国。

13 年后蒋经国病逝，他的死与积劳成疾有着一定的关联。在任职台湾当局“行政院长”时，蒋经国面临两次国际性能源危机，但都被他率领的孙运璇等人的经济团队化解。1973 年开始的“十大建设”，更为台湾的现代化打下坚固基础，他当时的名言“今天不做，明天就会后悔”，与他年轻时甫从苏联回国，领导建设赣南的浪漫词句“要不断地流，流到目的地才停止”透露出与他个性强悍面的一致性。

蒋介石在 1972 年 3 月当选台湾当局“总统”后，因为患有严重的尿血症而长年抱病在床，所以开始进行权力转移工作：他在 5 月提名蒋经国“组阁”，将党、政、军权移交到他的手中。蒋介石去世，台湾当局“副总统”严家淦依“宪法”就任“总统”。尽管如此，蒋经国显然才是台湾真正的领导中心。

1975 年 4 月 28 日，国民党召开第十届“中央委员临时大会”，出席的 99 位中央委员，一致推举蒋经国为党主席，会议还决定，依然保留蒋介石与总理孙中山职位，以示纪念。至此，蒋经国才接下党主席的棒子，并一肩挑起“台湾第一领航员”的职责。

晚年的蒋经国一直致力于推动台湾的政治与经济的现代化。在一本由美国人写的关于蒋经国的书《台湾现代化的推手——蒋经国传》中，说明了蒋经国这位历经过共产主义教育，又在父亲这样坚硬的反共分子的经年熏陶下走向前台的继承人，最后选择了一条无法从他的从政经历与人生观中找到依据的处事方式。他反对台湾所谓的“独立运动”，选择了对于激进的新党民进党宽容的心态。而他在劝阻其他中常委委员时语重心长地说：“时代在变，环境在变，潮流也在变，执政党必须以新的观念、新的做法，在民主宪政的基础上，推动革新措施。”

伴随着这一观念的是，他于 1987 年 7 月 14 日，发布命令，宣告解除自 1949 年起在台澎地区实施的“戒严令”。蒋经国似乎在与时间赛跑，在“解严令”宣布一个月后，也就是 1987 年 8 月，他更进一步决议，开放国人赴大陆探亲。同年 11 月，开放探亲登记的首日，归心似箭的老兵们流着眼泪，拼了老命争抢着为数不多的三千份表格。解严、开放大陆探亲，再加上 1988 年 1 月解除报禁，1 月 12 日解除党禁，蒋经国在他的有生之年，不断与时间竞走，并亲眼见证了台湾的巨变，而历史也确实给了蒋经国稍纵即逝的机会，在完成这些改革之后，他便走入历史。

台湾变化，从蒋经国时代末期已现端倪，在继任者李登辉的手上，变化以加速度进行。而这种变化显然超越了蒋经国当年对于李的判断。后人更以此责难蒋先生当年选错接班人，一个坚定的国家统一者，竟然会选了一个最后推动台独的“接班人”，也算是命运捉弄人。这也被后世史家评为蒋先生的一个败笔。图为蒋经国、李登辉当选第七任正、副“总统”后，李登辉向蒋经国当面道贺。李的笑面虎本性，也在暗暗彰显威力。其后，李在蒋去世后，循例接班。李也成为两岸最大的麻烦制造者，两岸由是开始再现波澜。

蒋经国着空降服留影

蒋经国与蒋方良育有三子一女，长子蒋孝文诞生于俄国，长女蒋孝章则是夫妻俩在回中国后所生的第一个孩子；次子是蒋孝武，最小的儿子则是蒋孝勇。蒋经国过世后，三个儿子也相继过世，目前仅蒋孝章与夫婿俞扬和旅居美国。

蒋经国长子蒋孝文是蒋家第三代中惟一在俄国出生的，1960 年娶妻徐乃锦，不久即于 1961 年为蒋家添了第四代蒋友梅。

但遗传自毛福梅的家族遗传性糖尿病，再加上长期饮酒过量，年纪轻轻即胰脏功能受损。1970 年，蒋孝文从台电调至中台化公司担任副总经理后突然一病不起，昏迷将近一月后才清醒，但从此智力严重退化。1989 年，蒋孝文继蒋经国之后过世。

在四名子女中，蒋经国最疼爱的，无疑是惟一的掌上明珠蒋孝章。但向来口碑不错的蒋孝章，却在婚姻大事上闹出家庭革命，下嫁俞扬和，引起蒋经国的不快。

2001 年 8 月台湾的《联合报》有一篇报道，主要是访问曾为两位蒋"总统"开车开了半世纪的郜学海在士林官邸的种种回忆，报道中有一小段正巧提到孝章的婚姻，郜学海说，他因为担任司机，吃住都在蒋家，因此看到些家事，"蒋孝章自美国回来后，曾听到蒋经国动怒以及蒋孝章啜泣"，"但那时为父的已经无法扭转女儿的心意了"。

蒋经国的次子蒋孝武年轻时在蒋介石的安排下，前往当时的西德慕尼黑政治学院求学，在异乡，经由朋友介绍认识瑞士华侨汪长诗，也就是他的第一任妻子。蒋孝武婚后回台湾发展，在女儿蒋友兰、儿子蒋友松接连出生后，与汪长诗的婚姻出现严重问题并最终决裂。

1986 年蒋孝武再婚，第二任妻子是台中望族之后蔡惠媚，是蒋家第一位台湾媳妇。

蒋孝勇的妻子蒋方智怡的父亲方恩绪，曾当过国道高速公路新建工程局局长，母亲从事教育工作。1973 年 7 月 23 日蒋孝勇与蒋方智怡举办婚礼。从小学业优异的蒋方智怡个性活泼积极，在蒋家三代接连凋零后，蒋方智怡处处承袭夫婿遗志，俨然成为蒋家代言人，而且是惟一在国民党内任中常委的蒋家代表。

不爱与政坛多瓜葛的蒋孝勇，最后还是因为与李登辉之间的矛盾跃上台面。1995 年国民党推举李登辉参选"总统"，蒋孝勇特地自美飞回台湾，投下空白废票，更在海外筹组国民党失联党员联谊会，和李登辉唱反调。不过 1996 年 1 月间，蒋孝勇健康急剧恶化，1 月 11 日，蒋孝勇在台北"荣总"因食道癌开刀，之后在加护病房住了相当长时间，情况未见好转，于 1996 年 12 月 22 日病逝台北"荣总"。"荣总"思源楼，也是蒋家三兄弟辞世的同一地点。

蒋经国全家福

蒋介石对两个儿子的栽培有“经文纬武”的期许，他培育蒋经国在政治上发挥，蒋纬国则完全受军事历练，一文一武，期待能成左右手。蒋纬国，幼名建镐，号念堂，生于日本东京，生父其实是党国元老戴传贤（季陶，浙江吴兴人，生于四川广汉），生母是日本人重松金子。戴传贤与蒋介石有金兰之谊，纬国出生后，戴将纬国送回中国由蒋介石抚养，并从蒋姓，蒋纬国于焉成为蒋家二公子。

蒋纬国年少时立志从军，但先就读于东吴大学理工学院和文学院。1936 年，蒋纬国 20 岁，蒋介石将他送往德国慕尼黑军事学校，期间纳粹势力扩张，蒋纬国因此有实战经验。23 岁时蒋纬国转往美国，接受一年的装甲兵训练，25 岁返国参加对日抗战，于青年军历练，战后为装甲兵驻沪代表。1948 年 32 岁的蒋纬国驰援淮海战役，正想一展身手，即被召回。1949 年，他的生父戴传贤因为“国府”颟顸腐败，痛而“殉国”自尽。1950 年，蒋纬国升为台湾“装甲兵少将司令”他熟谙装甲兵理论，战术观念，建构制度，强化了装甲兵的基础，装甲兵从而被视为他的子弟兵。1953 年，蒋纬国发生家变，与他结婚 9 年的妻子石静宜骤逝，1957 年，蒋纬国与丘爱伦结婚，丘爱伦的母亲是德国人。

蒋纬国虽然不是蒋介石的亲生儿子，但是幼年时调皮有趣，蒋介石十分疼爱他，曾说：“经儿可教，纬儿可爱。”蒋介石将他交给偏室姚冶诚养育，姚冶诚对纬国视如己出，照顾得无微不至，蒋纬国长大后得知自己不是蒋家亲生骨肉，对姚冶诚仍侍奉亲炙。1967 年，姚冶诚病逝台中，蒋纬国在墓碑上镌刻：辛劳八十年，养育半世纪。作为蒋介石的二公子与蒋经国的弟弟，蒋纬国却未曾进入权力核心，也因此不像父兄二人极具争议性，所留下的只有他笑语如珠的小故事，以及他的身世之谜。

蒋纬国的开怀笑容是大家最怀念的，许多场合中，总见到他笑眯眯的风采，他一生讲过的笑话，足以出几本书。蒋纬国与世无争，幽默风趣，玩世不恭，他的某些笑话，蒋经国听在耳里，也搞不清楚他是安分示好还是语带讥讽。他曾在公开场合高唱“爸爸哥哥真伟大”。蒋经国就职“总统”时，有人问他感想，他说：“我的感想就是我升官了，”旁人问他此话怎讲，他说：“我从蒋‘总统’的儿子，升为蒋‘总统’的弟弟。”晚年时，他说：“我这五十余年的军人生涯，参加了抗日和”戡乱“战役无数次，身上七处刀疤，竟然全都是荣民总医院外科大夫给的，而无一处是敌人子弹伤的。”蒋纬国何曾不想勇赴沙场，直闯最前线。年轻时，蒋介石舍不得他冒险，他自无立功机会；年长后，他被长期架空，所幸他有幽默感和朋友陪伴着他。1986 年，蒋纬国转任“国安会秘书长”，蒋纬国自嘲是“一人之下，无人之上”只能“管管秘书”。

蒋经国过世两年后，国民党爆发“主流”“非主流”的政争。1990 年在“劝进”声中，蒋纬国原本有意担任林洋港的副手，搭档竞选正、副“总统”，后来大势已去，不敌李登辉而弃选。晚年的蒋纬国逐渐露出反对李登辉的情绪，他与侄儿蒋孝勇均对李登辉的政治主张与手段表达不满。1997 年他病逝于台北，他生前表示，希望和第一任妻子石静宜同眠于六张犁极乐墓园。

1975 年蒋介石过世后，宋美龄即离开台湾长住美国，虽然政治上也数度起波澜，但终未再次走上政治前台。图为去美后的宋氏造像。

进入百岁的宋美龄，数度传出病重的消息，但她都安然度过。晚年的宋不接受采访，不写回忆录。2003 年 10 月 23 日，这位跨越三个世纪的传奇人物终告不治，于是日晚间 11 点 17 分，在曼哈顿上东城的寓所与世长辞，享年 106 岁。外甥女孔令仪与夫婿以及曾孙蒋友常都随侍在侧。宋走得十分安详，临终前后家人都一直为她读《圣经》。

在宋美龄去世前，“世纪之爱——蒋宋美龄画展”于 2002 年 11 月在香港中央图书馆举行，蒋介石的生前秘书秦孝仪和孙媳妇蒋方智怡特别到香港参与剪彩仪式；而这也是蒋介石和宋美龄相关文物首次跨越海峡展出。

事实上，宋美龄到了中年才开始习画。1950 年，她来台湾后不久，宋美龄发现局势难以逆转，决定退出政治舞台，位居蒋介石幕后；不再醉心政治的宋美龄，追随国画大师黄君璧，学习岭南派的画风。为了精进画艺，宋美龄多次进出故宫库房，欣赏古代名人画作。张大千的在台女弟子邵幼轩说：“夫人的画古朴有劲，和她长年观摩古人的画作有关。”

71 岁那年（1969 年），因阳明山上的一场车祸，伤及手肘，从此宋美龄就鲜少再提起画笔。“世纪之爱”画展是宋美龄赴美后，首次返回台湾的个人文物展。

宋美龄去世后，媒体均以大幅篇章进行报道，而其在大陆得到的评价也相当正面，数家报刊甚至发出整版，介绍其生平。全国政协主席贾庆林给宋氏家人发唁电，表示哀悼，称她是中国近现代史上有影响的知名人士，反对分裂，企盼中华民族和平统一、兴盛富强。而她的死也在台湾成为一个影响较大的事件。

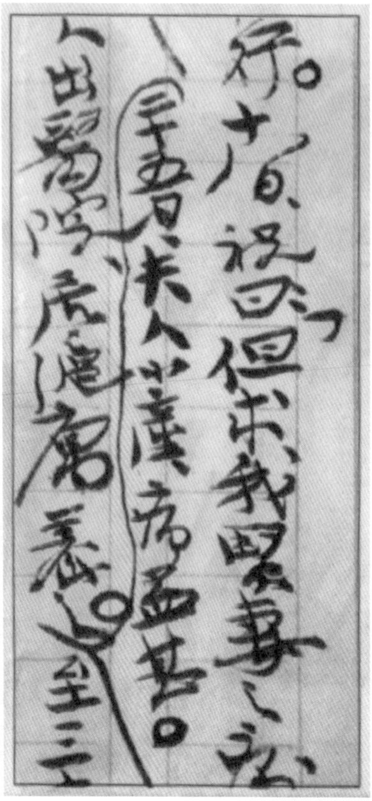

宋美龄去世之后，关于她的许多故事与旧闻陆续出土，其中最引人注目的就是关于宋为什么一直没有生育。关于这段猜测，在台北国史馆典藏的蒋介石日记摘抄本“爱记”，1929 年 8 月 25 日记述，“夫人小产，病益甚”。蒋介石也曾在日记中表示，希望上天能让妻子生育子女，以弥补平生之不足。

宋美龄去世后，引发世人对这位历时三个世纪的蒋家最后一位大家长的好奇。台北市也将多处蒋宋故居开放，供游人观瞻。蒋介石到达台湾后，将阳明山国家公园的“草山行馆”作为首座“总统官邸”。即使在蒋宋搬到山下的“士林官邸”后，“草山行馆”也是他们每年夏日避暑及接见贵宾的行馆。这座曾具有威权色彩的神秘地方，经台北“市政”规划修建后，成为阳明山地区新的文艺活动场所。尽管如此，这座行馆里面仍然存有编号第一号的蒋中正身份证，馆内也还提供宋美龄在美国国会演说的原声 CD 等。

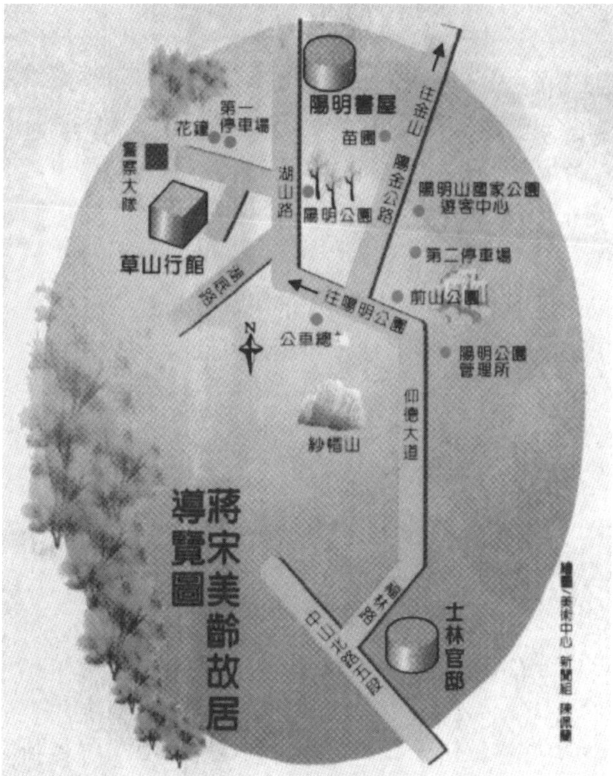

“士林官邸”作为蒋宋一家在此居住达25年的居所，是蒋宋故居中最大的看点。这所故居目前屋内摆设依然一如当年，屋况及情境保存完好。这张绘图就标明了蒋宋三处故居“草山行馆”、“阳明书屋”、“士林官邸”的方位与地址，而这一切，也在人去楼空之际，成为历史新的遗迹。

蒋介石去世后，在台湾风光不再，而散放在各地的一些雕塑，也被持不同政见者毁坏，甚至丢弃。在台湾有一位收藏爱好者，专门收集散落在各地的蒋介石雕像，据称其已收集了将近上百尊，但自己的家园太小，院子里已放不下了。

蒋家在台湾的势力迅速式微，成为反对者众矢之的，甚至导致蒋中正位居台湾各地的铜像不时遭破坏的事实，让两蒋灵寝到底是就地入土，还是奉安回故土大陆，成为蒋家念兹在兹的问题。

虽然赞成者认为移灵是蒋家自由，并且蒋家也的确有遭到清算的高度忧虑，难免希望在蒋纬国等人还在世时解决问题；但反对者则大声疾呼，质疑此举政治敏感度过高，并且伤害到台湾人民感情，因此不太恰当。

如果两蒋的灵柩真的回到大陆，无疑否定了国民党“统治”的“正当性”，更会让人质疑国民党的台湾“政权”是否已然质变！

但因为问题棘手，不但国民党当局表态暂不介入，连大陆方面都表现得相当保留。

国民党方面为了化解蒋家疑虑，则提出加强两蒋灵柩防护，由国民党与台湾当局共同决策，从顾及蒋家情感的角度来处理问题，希望避免动摇台湾民心与两岸关系的营造，国民党中央也提出，两蒋归葬不是一般的下葬，因此必须慎重办理。

但眼见蒋家态度坚决，宛如对国民党分离路线的挑战。为免夜长梦多，李登辉指示于1996年7月成立“两蒋移灵小组”，成员包括俞国华、李焕、蒋彦士、辜振甫、马树礼、宋楚瑜等与蒋家各代人物交情深厚的国民党人士，并由蒋彦士出任召集人，希望封杀这个构想。其后国民党搬出宋美龄才算封杀成功，两蒋移灵胎死腹中。

在最关键的时刻，也就是在1996年11月中旬，国民党公布了一份宋美龄批可的公文，证实宋美龄也同意两蒋先行奉安台湾，等统一后再归葬大陆，不过基于蒋家遗族的意见，也不排除采取暂时维持现状的方式，依旧暂厝在慈湖，未来再组成奉安筹备委员会，负责相关事宜。因此国民党在1997年4月决议，将两蒋灵柩采取先“国葬”再择时机迁葬的两阶段方式处理，至于目前则尊重宋美龄意愿，不急着处理，一切等时机成熟再说，因此蒋家对李登辉势力的最后一次反扑，终于也因此宣告正式落幕。而最新的消息则是，蒋家欲将其墓移至五指山陵园移灵殿里，也因时局而一再变更。

暂厝在慈湖的蒋介石

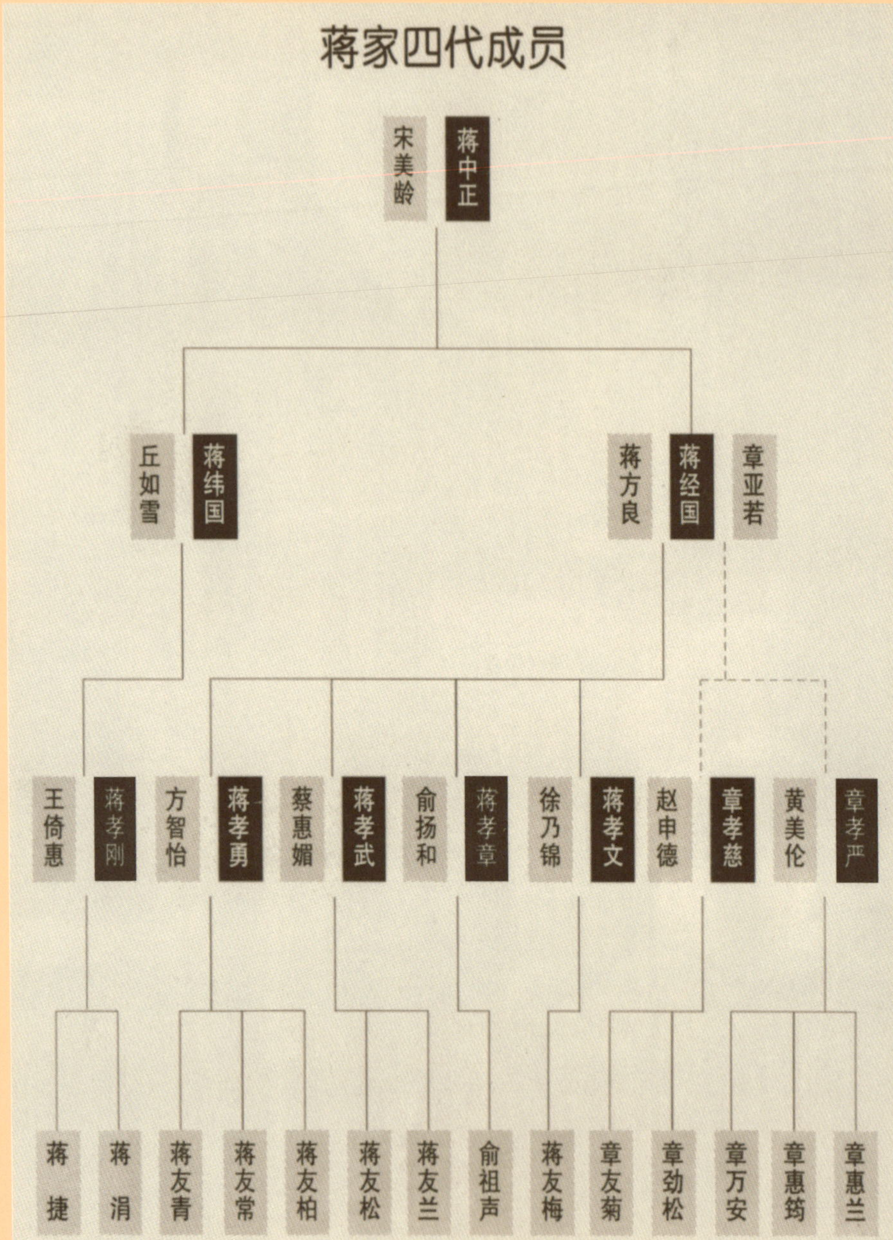
蒋家四代成员
宋美龄
蒋中正
丘如雪
蒋纬国
蒋方良
蒋经国
章亚若
王倚惠
蒋孝刚
方智怡
蒋孝勇
蔡惠媚
蒋孝武
俞扬和
蒋孝章
徐乃锦
蒋孝文
赵申德
章孝慈
黄美伦
章孝严
蒋捷
蒋涓
蒋友青
蒋友常
蒋友柏
蒋友松
蒋友兰
俞祖声
蒋友梅
章友菊
章劲松
章万安
章惠筠
章惠兰

蒋家四代成员表

蒋介石年谱
（1887-1975）

1887年阴历9月15日（公历10月31日），蒋介石出生于浙江奉化市溪口镇的玉泰盐铺楼上。

1895年，蒋介石8岁，父亲去世，自此由母亲和祖父抚养。

1901年，14岁的蒋介石与毛福梅结婚。

1906年5月，蒋介石乘船东渡日本，虽未能如愿进入帝国军官学校而不得不回国，但在东京，他结识了日后的良师益友陈其美。

1907年，蒋介石考入了保定军官学校，后被选送到日本去学习军事。1908年春，他注册进入东京振武学堂。

1908年，蒋介石加入同盟会。

1909年11月底，蒋介石从军校毕业。

1910年，蒋介石的大儿子蒋经国出世。

1913年，蒋介石娶姚冶诚为侧室。

1913年，蒋介石参加“二次革命”。

1914年，蒋介石在日本加入中华革命党。

1916年10月6日，蒋纬国在日本出生，其后带着其身世之谜，为蒋介石抚养。

1918年，应孙中山之邀，蒋介石赴广州，任陈炯明粤军总司令部作战科主任。

1919年至1920年，蒋介石在上海从事证券交易。

1919年夏，蒋介石于张静江家中认识陈洁如，并展开追求。

1921年12月10日，蒋介石和陈洁如在上海永安大楼大东旅馆的大厅举行婚礼。

1922年，陈炯明叛变，蒋介石追随孙中山。

1922年12月初，蒋介石应邀参加宋子文在上海莫里哀路孙中山寓所里举行的基督教晚会，认识了宋美龄。

1923年，蒋介石先后任陆海军大元帅大本营参谋长和行营参谋长，8月赴苏联考察。

1924年国共合作后，蒋介石任黄埔军校校长，并兼粤军总司令部参谋长。

1925年2月第一次东征讨伐陈炯明，8月任国民革命军第一军军长，9月任第二次东征总指挥，率部歼灭了陈炯明残部。

1926年，蒋介石任国民革命军总司令，率军进行了北伐战争。

1926年3月制造“中山舰事件”，5月提出“整理党务案”，打击和排斥中国共产党人。随后任军事委员会主席、国民党中央党部军人部部长等职。

1927年，蒋介石在上海发动“四·一二”反革命政变，残酷屠杀共产党人，并在各地“清党”，第一次国共合作破裂。同年4月18日，蒋介石在南京组建了南京国民政府。

1927年12月1日，蒋介石与宋美龄结婚。

1928年任国民党政府主席、军事委员会主席兼第一集团军总司令，指挥第一集团军和冯玉祥、阎锡山、李宗仁的第二、第三、第四集团军对奉军作战。

1928年12月，张学良宣布东北“易帜”，服从南京国民政府领导。

1929年，蒋介石以裁军为名，召开编遣会议，企图削减其他各派军队，激起冯、阎、李等部的强烈不满，先后爆发了蒋桂战争和蒋阎冯大战。蒋凭借外国和江浙大资产阶级的支持，战胜了各派武装，并击败了汪精卫、胡汉民、孙科等派系的对抗，巩固了独裁统治。

1931年九一八事变后，蒋介石对日本侵略实行不抵抗政策，坚持反共内战，对中国工农红军和农村革命根据地发动多次军事围剿。

1936年12月12日，西安事变爆发，蒋介石被迫联共抗日。在蒋统率下，中国军队先后在淞沪、忻口、南京、徐州、武汉、长沙、南昌等地作战，阻滞了日军的疯狂进攻。但由于蒋实行片面抗战路线和单纯防御的战略方针，致使中国大片国土相继沦陷。尤其是武汉失守以后，蒋介石先后发动三次反共高潮，严重削弱了抗日力量。

1942年1月，蒋介石被同盟国推举为中国战区最高统帅，随即应驻缅英军请求，派远征军入缅甸支援英美盟军对日作战。

1945年，日本投降。

1946年，蒋介石撕毁国共停战协定，调160万正规军，向解放区发动全面进攻，发动全国内战。

1948年9月起，国民党军主力在解放军接连发动的辽沈战役、淮海战役、平津战役中被歼灭。

1949年1月，蒋介石宣告“引退”，仍在幕后指挥，拒绝接受国共双方代表谈判拟定的《国内和平协定》。

1949年，解放军遂乘胜进军，推翻了国民党在大陆的统治。蒋介石于12月败走台湾。

1950年3月，蒋介石在台湾“复职”重任“总统”，此后一再连任4届，并连续当选国民党总裁。他以“三民主义建设台湾”、“反共复国”相号召；但同时也反对“台湾独立”、“国际托管”和“两个中国”，坚持一个中国的民族立场。

1971年2月11日，定居香港的陈洁如死于家中，享年65岁，死时身边旁无他人，横卧地上，死后一个星期才被人发现。

1975年4月5日，蒋介石因心脏病突发，在台北市郊草山（蒋介石改名阳明山）“官邸”内病逝，时年88岁。

1978年5月20日，蒋经国就任台湾当局第六任“总统”。

1988年1月13日，蒋经国在台北病逝。

1997年9月22日，蒋纬国病逝于台北“荣民总医院”，享年81岁。

2003年10月24日，宋美龄在纽约逝世，享年106岁。

蒋介石在接见美国客人时，兴致大起，边走边说，还打着很少见到的手势。这幅照片极其罕见，是蒋氏去世后首度在中国大陆曝光的图片。

蒋晚年在夫人宋美龄影响下，常爱读《圣经》。晚年蒋的桌头经常堆积的《曾文正公全集》以及几份台湾出的报纸。故书更能反映蒋此际心态。

蒋介石手抚客人致赠的丝绸礼品。

蒋的军装照，胸前佩一枚勋章，他的表情淡然，戎马一生的蒋，在晚年的淡然心境里，似乎与这身军装的使命并不相契合。

图书在版编目（CIP）数据

蒋介石画传/师永刚，杨素编著.--南京：凤凰出版社，2011.7

ISBN 978-7-5506-0534-3

Ⅰ.①蒋… Ⅱ.①师… ②杨… Ⅲ.①蒋介石（1887-1975）—传记—画册 Ⅳ.①K827=7

中国版本图书馆CIP数据核字（2011）第073711号

| 策划总监　李耀辉 | 产品经理　郑中莉　吴志硕

| 特约编辑　赵　丹 | 封面设计　蔡立国

| 内文设计　海洋　苗洁　吴燕妮—锦绣东方　韩 捷

书　　名　蒋介石画传

编 著 者　师永刚　杨素

责任编辑　王志钧

出版发行　凤凰出版传媒集团 凤凰出版社

出　　品　凤凰出版传媒集团 北京凤凰天下文化发展有限公司

公司网址　北京凤凰天下网 http://www.bookfh.cn

印　　刷　北京盛通印刷股份有限公司

开　　本　760mm×1050mm 1/16

印　　张　19.5

字　　数　100千字

版　　次　2011年7月第1版 2012年3月第5次印刷

标准书号　ISBN 978-7-5506-0534-3

定　　价　49.80元

如有印装质量问题，请致电：010-82069000

堅苦卓絕

蔣中正